BLATTSCHÖNHEITEN

Schöne Beete gestalten ohne Blüten

Wolfgang Hensel

BLATTSCHÖNHEITEN

Schöne Beete gestalten ohne Blüten

Blätter – Faszination und Vielfalt 6

Mit Blattschönheiten gestalten 32

Blattschmuckgärten pflegen 66

Pflanzen für den Blattschmuckgarten 76

Anhang

Blätter – Faszination und Vielfalt

Blätter offenbaren einen Kosmos der Fantasie: winzig oder tellergroß, einfach oder wild gezackt, grün oder wie von Künstlerhand bemalt.

Bühne frei für grüne Stars

Blätter prägen Gärten viel mehr als kurzlebige Blütenpracht. Oft viel zu wenig beachtet, verdienen Blattschmuckpflanzen einen Spitzenplatz.

Rechts: *Ein vollendeter Blattschmuckgarten mit abwechslungsreichen Wuchsformen, Farben sowie Blattformen und -größen. Ein solches Arrangement repräsentiert eine Gestaltungslösung von ganz eigenem Reiz.*

Unten: *Die fächerartigen Palmwedel zeichnen sich durch ein hohes Maß an Strenge und Symmetrie aus. Sie bilden – präsentiert in attraktiven Kübeln – wirkungsvolle Blickpunkte.*

Sicher kennen Sie die Situation: Sie stehen Jahr für Jahr im Gartencenter vor der Qual der Wahl. Welche Blütenfarben passen zueinander, welche bieten optimalen Kontrast, was passt ins Farbthema des Beets? Kommen die Blüten gut zur Geltung, oder verschwinden sie hinter höheren Pflanzen? Wir wählen aus, kaufen, pflanzen, warten ab, dann blühen die Neuerwerbungen endlich – und nach zwei Wochen ist alles vorbei. Der Garten wirkt ein wenig still – wie ein Theater nach der Vorstellung.

Natürlich sind bunte Tulpen, ein blauer Teppich aus Traubenhyazinthen, blauer Rittersporn, die üppige Blütenfülle von Rosen oder schier unerschöpflich blühende Taglilien ein Fest für das Auge. Doch über all dieser Pracht vergessen viele Gärtner allzu leicht, dass die Blätter ein mindestens ebenso attraktives wie dauerhaftes Schauspiel bieten. Wer bei der Gartenplanung sein Augenmerk ausschließlich auf Blüten richtet, vergibt die Chance, dass in seinem Garten rund ums Jahr eine spannende Vorstellung stattfindet.

Ein Platz in der ersten Reihe

Denn Blattschmuckpflanzen sind weit mehr als zwangsläufige Zugaben, die lediglich die Pausen zwischen den verschiedenen Blütezeiten füllen. Blätter sind vielmehr Schönheiten von ganz eigenem Reiz und verdienen es, im Garten in der ersten Reihe zu stehen. Als erste zartgrüne, frische Blättchen kündigen sie den Frühling an. Im Sommer entfaltet sich ein Blätterwald in den unterschiedlichsten Farben und Formen: von den schmalen Blättchen des Lavendels bis zu den riesigen Blatttellern der Gunnera, von Blättern im schlichten Grün über bunt geschecktes Laub bis zu gelben oder roten Blattpersönlichkeiten, von den klassischen, eiförmigen Blättchen des Buchsbaums bis zum zarten, filigranen Laub der Farne, von kompakten Polsterpflanzen bis zu zarten Grashalmen, die sich bei jedem Windhauch wiegen.

Und erst im Herbst: Jetzt übernehmen Blattschmuckpflanzen mit ihren leuchtend bunten Farben endgültig die Führung. Und wenn alle Blüten im Winter längst verdorrt und abgefallen sind, verwandelt der Raureif die feinen Blätter und Ähren der Gräser in winterliche Kunstwerke, während immergrüne Stauden und Gehölze die Tristesse des Winters beleben.

Links: *Salbei in all seinen Sorten überzeugt durch eine kompakte Wuchsform, satte Farben und seidig weiche Blätter.*

Rechts: *Gartenszene oder Dschungel? Die mächtigen Blätter des Mammutblatts und sein ungewöhnlich großer Blütenstand zaubern das Flair eines tropischen Urwalds in den Garten.*

Was sind Blattschmuckpflanzen?

Leider gibt es auf diese Frage keine eindeutige Antwort. Für den Botaniker ist »Schmuck« kein Kriterium, eine Definition über die Pflanzensystematik scheidet also aus. Züchter und Gärtner müssen ihre Schöpfungen verkaufen, sie werden den Begriff »Blattschmuckpflanze« also eher weit fassen. »Schmuck« ist ein ästhetisches und damit subjektives Kriterium. Wo dem einen Gartenliebhaber Schauer der Begeisterung über den Rücken laufen, sieht ein anderer nur langweiliges Grün. Weil es also keine allgemein gültige Definition gibt, gelten in diesem Buch alle ein- und zweijährigen Pflanzen, alle Stauden – inklusive Zwiebel- und Knollenpflanzen – sowie all die Gehölze als Blattschmuckpflanzen, die ihren Zierwert zu einer bestimmten Zeit des Jahrs vorrangig ihren Blättern verdanken. Mit Ausnahme der Farne treiben natürlich auch diese Pflanzen irgendwann Blüten. Doch weil wir das Augenmerk auf das Laub richten, gelten sie nur als Zugabe.

Grüner Perspektivenwechsel

Nach dieser Definition passen in die Kategorie der Blattschmuckpflanzen ziemlich viele Arten. Gerade in dieser Unschärfe liegt für mich der besondere Reiz: Sie können bei der Pflanzenwahl aus dem Vollen schöpfen. Erfahrene Hobbygärtner brauchen nicht umzulernen, denn für die Gestaltung mit den Blattschönheiten gelten dieselben Regeln wie für die Planung eines Gar-

tens mit Blütenpracht. Es findet lediglich ein Perspektivenwechsel statt, weil nun Blätter und nicht Blüten das Kriterium sind. Neulinge profitieren noch mehr, denn der Gestaltung sind kaum Grenzen gesetzt: Blätter lassen sich fast beliebig kombinieren. Es entstehen immer ansprechende Gartenszenen, disharmonische Kombinationen sind so gut wie ausgeschlossen.

Blattschmuck unter der Lupe

Selbstverständlich ist Blattschmuck nicht gleich Blattschmuck. Eine Variante sind kompakt wachsende Arten mit dichtem, gleichmäßigem Blattwuchs wie Frauenmantel, Lavendel oder Thymian. Bei ihnen prägt nicht das einzelne Blatt den Charakter, sondern die Wuchsform der Pflanze. Miteinander kombiniert und farblich abgestimmt, ergeben ihre runden Formen ein bewegtes Bild.
Ganz anders wirken schwertförmige oder schmale Blätter von Schwertlilien, Palmen oder Gräsern, die wie ein Ausrufezeichen die Blicke auf sich ziehen. Sie bilden einen harten Kontrast zu Blattpolstern oder weichen, großen Blättern. Jedes einzelne Blatt trägt ebenso viel zur Wirkung bei wie die Wuchsform. Wahre Hingucker sind Arten mit markanten Riesenblättern wie Tafel- oder Mammutblatt. Diese starken Pflanzenpersönlichkeiten können im Garten sogar die Funktion von Solitären übernehmen.
Gehölze haben eine Sonderstellung. Immergrüne Nadel- und Laubgehölze wirken ganzjährig mit Farbe und Form, während die Stunde der laubabwerfenden Gehölze oft erst im Herbst schlägt.

Links: *Die ausgeprägte Blattform der Schwertlilien bietet einen reizvollen Kontrast zu weichen, kuppelförmig wachsenden Stauden – hier zusätzlich akzentuiert durch den Farbkontrast mit den rotbraunen Blättern des Schaublatts.*

Rechts: *Anordnung, Farben und Höhen der Blattschmuckpflanzen erzeugen den Eindruck eines dunkelroten Bachs zwischen grünen Ufern.*

Links: *Die beiden kelchartig aufstrebenden Farne dienen als Formkontrast in einer Staudengruppe, die von Elfenblumen geprägt wird.*

Unten: *Gräser verleihen einem Blattschmuckbeet zu allen Jahreszeiten Höhe und Abwechslung. Ungewöhnlich, aber apart ist die Kombination mit den Zwergpalmen und der Agave.*

Naturnah gärtnern mit Blattschönheiten

Dass eine standortgerechte Bepflanzung die Pflege des Gartens merklich erleichtert, ist inzwischen fast schon gärtnerisches Allgemeingut. Im blütenbetonten Staudengarten ist die Auswahl der ökologisch angepassten Pflanzen aber eingeschränkt, denn die Blüten müssen sich in das gewählte Farbthema einfügen. In einem Gestaltungskonzept, das auf Blattschmuckpflanzen basiert, ist die Palette attraktiver Arten und Sorten für die verschiedensten Standorte dagegen deutlich größer. Um das zu verstehen, ist ein kurzer Exkurs in die Welt der Botanik hilfreich. Pflanzenfamilien werden durch die Blüten charakterisiert. Ein Mitglied der Lippenblütengewächse trägt immer dieselben familientypischen Lippenblüten, ob die jeweilige Art nun im Schatten wie der Günsel, im Halbschatten wie die Taubnessel oder in der prallen Sonne wie der Lavendel wächst. In der Form ihrer Blätter unterscheiden sich diese Arten jedoch deutlich, denn sie ist eine ökologische Anpassung an den Standort. Schatten- und Halbschattenpflanzen der unterschiedlichsten

Unten: *Ein Schnitt gibt Blattschmuckpflanzen den letzten Schliff – hier entstand ein elegantes Mosaik, weil die Pflanzen auf etwa gleiche Höhe gestutzt sind.*

Pflanzenfamilien zeichnen sich durch große, eher weiche Blätter aus – von den Farnen über Salomonssiegel bis zum Schaublatt. Typische Sonnenpflanzen haben wasserspeichernde, kleine, glänzende Blätter wie Fetthennen, nadelförmige Blätter wie Rosmarin, schmale Blätter wie Gräser oder wie Heiligenkraut und Salbei silbrig behaarte Blätter, die das Sonnenlicht reflektieren. Pflanzen mit gleichen Standortansprüchen ähneln sich also und lassen sich deshalb bestens miteinander kombinieren.

Blattpflanzen für halbschattige und schattige Standorte

Gerade im Schatten zeigt sich die Stärke der Blattschmuckpflanzen. Als »Grundgerüst« für ein Beet im Halbschatten bis Schatten empfehle ich Funkien *(Hosta)* in unterschiedlichsten Blattfarben und -formen, dazu Farne, Frauenmantel und Gräser wie Seggen oder Hainsimsen. Auch in der Abteilung für Teichpflanzen bieten Gartencenter Stauden an, deren Blätter ausdrucksstarke Blickpunkte sind, etwa Schaublatt *(Rodgersia podophylla)*, Tafelblatt *(Astilboides tabularis)* oder Zierrhabarber *(Rheum)*.
Gehölze für Halbschatten und Schatten sind auf große Blattflächen angewiesen, um die wenigen Lichtstrahlen effektiv nutzen zu können. Das Angebot reicht von Aukuben *(Aucuba japonica)*, Lavendelheiden *(Pieris japonica)* und Stechpalmen *(Ilex aquifolium)* bis zu diversen laubabwerfenden Sträuchern.

Blattpflanzen für die Sonne

Die reichste Auswahl an Blattschmuckpflanzen für die Sonne finden Sie bei Kräutern, mediterranen Pflanzen oder den Polsterpflanzen der Steingartenabteilungen. Hier sollten Sie sich auch nach Wolfsmilcharten *(Euphorbia)* erkundigen – eine Augenweide im Blattschmuckgarten. Markante Ziergräser und südländische Gäste wie eine Agave oder Palme setzen in Sonnenbeeten zusätzliche Akzente.

Kleiner Ökoschwindel: Tropenpflanzen

Halbschattige, aber warme Ecken Ihres Gartens können Sie im Sommer in einen tropischen Dschungel verwandeln. Einige Zimmerpflanzen mit auffallend großen Blättern wie Bananen *(Musa)*, Blumenrohr *(Canna)*, Philodendron oder Zimmeraralien *(Fatsia)* liefern das notwendige Flair, Bambus gibt dem »Dschungel« mehr Fülle. So ein tropischer Kübelgarten ist zwar nicht standortgerecht, aber ein wenig Luxus darf sein.

nachhaltig gärtnern

Neben dem geeigneten Standort ist die richtige Düngung das A und O im Blattschmuckgarten. Sammeln Sie alle Pflanzenabfälle in einem Kompostkasten oder einem Schnellkomposter. Nach etwa einem halben Jahr ist der Kompost reif – ein kostbarer Rohstoff für den Garten. Achten Sie darauf, grobe und feine Bestandteile gut zu mischen. Gras sollte nur angetrocknet und in kleinen Portionen auf dem Kompost landen. Wichtig: Der Komposthaufen muss gut durchlüftet und stets etwas feucht sein.

Oben: *Selbstverständlich lassen sich Blatt- mit Blütenstauden kombinieren: Bergenien und Buchs vor einer Strauchrose.*

Rechts: *Von wegen Nebendarsteller: Erst Blätter und Blattkulisse bringen Lupinen, Zierlauch und Schwertlilien zur Geltung.*

Partner und Kulisse

Jeder Gartengestalter setzt die Blätter seiner Pflanzen bewusst oder intuitiv als Gestaltungsmerkmal ein. Selbst in Staudenrabatten spielt das Laub eine tragende Rolle: Es füllt die Lücken vor und nach der Blüte. Ohne das Grün der Blätter wirkt jede Blütenpracht nackt und öde. Dabei erfüllen Blattschmuckpflanzen zwei Aufgaben. Sie dienen zum einen als moderierender oder kontrastierender Partner für die übrigen Beetpflanzen. Zum anderen bilden sie eine Kulisse, vor denen blühende Stauden erst richtig zur Geltung kommen. Im traditionellen Staudengarten erfüllen sie beide Aufgaben in dienender Funktion. Im Blattschmuckgarten gibt es zwar auch Kulissen, aber es herrscht zwischen den einzelnen Akteuren eine gleichberechtigte Partnerschaft.

Partner im Staudenbeet

Blattschmuckpflanzen bilden in einem Staudenbeet das Rückgrat, das auch während blütenloser Perioden Spannung erzeugt. Ihre Wuchsform sollte die Wirkung der Blütenstauden verstärken, aber nicht von ihnen ablenken. Niedrige Polster halten eine Komposition zusammen, kuppelförmige Arten geben ihr ein beschwingtes Aussehen. Setzen Sie starke Kontraste – hohe oder Blattschmuckpflanzen mit markanter Wuchsform – sparsam ein. Gräser harmonieren mit ihrem hostartigen Wuchs und dem schmalen Laub gut mit den meisten Arrangements. Auch die Blätter der Schwertlilien kontrastieren gut mit rundlichen Formen.

Blattschmuckpflanzen als Kulissen

Als Kulisse eignen sich Arten, insbesondere Gehölze, deren Wuchsform und Blätter nicht vom Vordergrund ablenken. Nicht ohne Grund schwärmen englische Gärtner vom dichten Grün beschnittener Eibenhecken. Noch besser sind Kulissen, die je nach Jahreszeit selbst zum Blickpunkt werden und beispielsweise im Herbst mit kräftigen Laubfarben punkten. Auch wer keine Lust zum Schneiden hat, braucht auf grüne Kulissen nicht zu verzichten: Dicht stehende Gräser, Bambus, Ahorn, Berberitzen oder Farne erfüllen diese Aufgabe ebenso gut.

Links: *High Noon im Blätterwald: Im Herbst tauchen Ahorn und andere Ziergehölze den Garten in einen wahren Farbenrausch.*

Unten: *Die Schönheit der »Bischofsstäbe« zeigt sich erst im Detail. Die jungen Farnwedel entfalten sich im Frühling.*

Blätter im Jahreslauf

Ein Blattschmuckgarten hat das ganze Jahr über Saison. Vom ersten zarten Grün im Frühling bis zu den Farben des Herbstes ist jede einzelne Pflanze einem beständigen Wandel unterworfen. Die Pflanzen wirken nicht nur während der kurzen Blüte – sondern im gesamten Gartenjahr. Natürlich wechseln auch hier die Hauptdarsteller, aber viele Blattschmuckpflanzen haben mehrere Auftritte im Jahr.

Zartgrün im Frühling

Die ersten, frischen Blättchen an den Zweigen sind noch so dünn, dass sie in der Sonne fast transparent erscheinen. Sie bilden einen zarten, zerbrechlichen Kontrast zum tiefen Grün der Immergrünen. Am Boden entrollen sich die Bischofsstäbe junger Farnblätter langsam zu großen Wedeln. Natürlich sollten Sie nicht auf die klassischen früh blühenden Zwiebel- und Knollenpflanzen verzichten, aber im Blattschmuckgarten setzen auch Gräser, Aronstab, Nieswurz oder farbig austreibende Arten wie die Lavendelheide zusätzliche Akzente. Ab dem Spätfrühling sorgen immergrüne Rhododendren für üppiges Grün. In Kombination mit laubabwerfenden Azaleen schlagen sie zwei Fliegen mit einer Klappe: Sie bieten Laubschmuck das ganze Jahr und Blüten vom Frühling bis zum Sommer.

Üppig im Sommer

Der Sommer ist die große Zeit der Blüten – und auch die große Zeit der Blattschmuckpflanzen. Vor allem Gehölze sorgen jetzt für Aufmerksamkeit. Nehmen Sie sich Zeit und betrachten Sie die Licht- und Schattenflecken, die unter dem Blätterdach ein ständig wechselndes Muster zeichnen. Unterstützen Sie dieses Schauspiel durch geeignete Blattschmuckstauden: Auf Pflanzen mit großen Blättern zeichnet sich das Muster deutlich und kontrastreich ab, während Pflanzen mit schmalen, gefiederten oder zerschlitzen Blättern Sonnen- und Schattenflecken noch feiner zergliedern und so ein diffuses Zwielicht entstehen lassen.

Unten: *Ein Wintermärchen: Die Blätter des Zierkohls verändern bei Kälte und Frost langsam ihre Farbe. Zusammen mit Raureif entstehen zauberhafte Bilder.*

Am schönsten in einem sommerlich-sonnigen Beet wirken Blattschmuckpflanzen mit silbrigem und grauem Laub: Ihre Blätter schimmern unvergleichlich in der Sonne. Falls Sie sich für ein solches Beet in edlem Weiß, Silber und Grau entscheiden, sollten Sie aber durch Pflanzen mit kontrastierenden Wuchsformen für Spannung sorgen. Auch in gemischten Rabatten mit Blüten- und Blattschmuckstauden kommt es auf eine ausgewogene Abstimmung an. Da intensive Blattfarben sehr von den Blüten ablenken, sind hier Arten mit grünem oder grauem Laub zu empfehlen. Gräser passen praktisch immer. Auch blühende Blattschmuckpflanzen wie Lavendel, Taglilien oder Thymian sind eine hübsche Ergänzung im traditionellen Staudenbeet.

Leuchtend im Herbst

Im Herbst haben Blattschmuckpflanzen ihren Hauptauftritt, vor allem Gehölze mit leuchtender Herbstfärbung. Achten Sie darauf, die bunten Herbstgehölze nicht zu gleichmäßig im Garten zu verteilen. Eine kleine Gruppe bunter Gehölze in Kombination mit einem immergrünen Laubgehölz – etwa einer Stechpalme – sieht viel eindrucksvoller aus als viele einzelne Sträucher, die über den ganzen Garten verteilt sind.
Es müssen aber nicht immer Gehölze sein: Im Herbst verfärben sich auch die Blätter der wintergrünen Bergenien, die Wedel der Farne und das Laub vieler anderer Pflanzen. Schneiden Sie in einem Blattschmuckgarten im Spätherbst deshalb nicht alle oberirdischen Teile ab – sie bieten auch im Spätherbst und Winter noch ein eindrucksvolles Bild.

Apart im Winter

Im Winter verzaubern Raureif oder Schnee Blätter und Fruchtstände. Die alten Blätter verleihen dem Garten nicht nur einen besonderen Reiz, sondern schützen auch die empfindlichen Wachstumszonen der Stauden. Und an den Körnern der Fruchtstände bedienen sich die Vögel.
Immergrüne Gehölze werden im Winter von Neben- zu Hauptdarstellern. Eine Stechpalme, die im Sommer zwischen sommergrünen Gehölzen fast veschwindet, wird jetzt zum Blickpunkt, während die nackten Zweige benachbarter Laubgehölze filigrane Kontraste liefern. Ein besonders reizvolles Winterschauspiel entsteht, wenn Sie zwei oder drei Exemplare der Hainbuche in eine Hecke integrieren. Sie werfen ihre braunen Herbstblätter erst im nächsten Frühling ab, und das welke Laub leuchtet wunderschön im Licht der Wintersonne.

Natur beobachten

Pflanzen gemäßigter und kalter Regionen haben spezielle Strategien entwickelt, um den Winter zu überstehen. Einjährige Pflanzen sterben im Winter völlig ab und überstehen den Frost in Form von Samen, die nicht erfrieren können. Stauden verlagern ihre Reservestoffe in Wurzeln, Zwiebeln und Knollen, die geschützt im Boden liegen. Neue Triebe wagen sich erst an die Oberfläche, wenn es Frühling wird. Gehölze speichern Reservestoffe in den Wurzeln und im Holz, das durch Rindenschichten gut geschützt ist.

Oben: *Die grafische Qualität dicht an dicht wachsenden Blattrosetten – hier von der Hauswurz – erschließt sich nur aus der Nähe. Sie verdienen einen Wuchsort auf Augenhöhe an einem Sitzplatz.*

Rechts: *Stark zerschlitzte Blätter, hier die Ahornsorte 'Dissectum', lassen das Laubwerk leicht und durchlässig erscheinen. Jeder Windstoß verwandelt die Baumkrone in ein flirrendes Farbfeld.*

Ein Blatt – unendlich viele Designs

Biologisch betrachtet sind Blätter die Kraftwerke einer Pflanze. In ihnen findet die Fotosynthese statt, bei der aus Kohlendioxid und Wasser mithilfe von Licht Energie in Form von Zucker gespeichert wird.
Zum Glück für die Gärtner folgt die Natur niemals einem einzigen geraden Weg, sonst wären alle Blätter ebene, flache, einheitlich grün gefärbte Gebilde. Weil sich Pflanzen an verschiedene ökologische Nischen und Standortbedingungen anpassen mussten, hat sich der flache Grundbauplan der Blätter in ein gewaltiges Spektrum von Blattgestalten aufgegliedert. Natürlich haben auch die Pflanzenzüchter ihren Teil zu dieser Vielfalt beigetragen.
Um einen Blattschmuckgarten abwechslungsreich und spannend zu gestalten, sollten Sie bei der Auswahl geeigneter Pflanzen möglichst viele Aspekte berücksichtigen: Neben Größe, Form, Farbe und Muster gehören dazu auch Aufbau und Anordnung der Blätter.

Einfache Blätter: alles andere als langweilig

Nüchtern betrachtet bestehen einfache Blätter aus einem Blattstiel und einer mehr oder minder flachen Blattfläche, der sogenannten Blattspreite. Der Blattstiel kann auch reduziert sein oder sogar völlig fehlen. Trotzdem sorgen einfache Blätter für Abwechslung. Die Grundformen reichen von rund über oval bis grasartig schmal; das Extrem bilden die Nadelblätter. Auch der Blattrand ist äußerst variabel: Er kann glatt, gewellt oder gezackt sein. Diese Details der Blattränder sind zwar nur aus der Nähe genau zu erkennen, sorgen aber aus der Entfernung für die »gewisse Unruhe«, die eine Pflanzung braucht, um nicht langweilig zu wirken.
Wie einfache Blätter wirken, hängt auch sehr stark von ihrer Größe ab. Kleine, einheitlich geformte Blätter wie die des Buchsbaums wirken vorwiegend in ihrer Gesamtheit – als grüner Hintergrund oder über die Wuchsform der Pflanze. Polster aus vielen kleinen Blättern geben einem Arrangement Ruhe und eine gewisse Erdenschwere und halten es zusammen. Polsterartig wachsende, niedrige Gräser mit sehr schmalen langen Blättern bewirken das Gegenteil: Sie sind zierlich, luftig und verändern ihr Aussehen bei jeder Brise. Als abwechslungsreiche Elemente fügen sie sich bestens in eine Gruppe ein, ohne die anderen Pflanzen zu dominieren.
Die einfachen Blätter mancher Steingartenpflanzen sind wiederum in geometrisch äußerst attraktiven Rosetten angeordnet, die aber in größeren Gruppen untergehen würden. Rosettenpflanzen kommen daher am besten in interessanten Pflanzgefäßen oder direkt neben einem Sitzplatz zur Geltung.
Je größer, farbiger oder auffallender ein einzelnes Blatt geformt ist, desto stärker tritt es als Gestaltungselement in Erscheinung. Dieser Unterschied zeigt sich

auffällig im Vergleich einer kleinblättrigen Buchsbaumhecke mit den riesigen, farbig gezeichneten Blättern einer Canna, dem gezackten Laub einer Distel oder den schildförmigen Blättern des Tafelblatts.
Blätter mit tief eingeschnittenen Blatträndern, beispielsweise Ahorn oder Rizinus, bilden den Übergang zwischen einfachen und zusammengesetzten Blättern. Sie setzen Akzente in Gehölzgruppen. Ähnlich wie bei den einfachen Blättern fallen auch tiefer eingeschnittene Blattformen erst ab einer gewissen Größe als Einzelblätter ins Auge.

Zusammengesetzte Blätter

Bei einem zusammengesetzten Blatt ist die Blattfläche in mehrere Teil- oder Fiederblättchen gegliedert. Blätter mit eng stehenden, einfachen Fiederblättchen wirken wie einfache, kleine Blätter und werden bei der Gestaltung wie diese eingesetzt. Eine bessere Schauwirkung entfalten sie nur, wenn sie von der Pflanze entsprechend »präsentiert« werden. So sind etwa die Blätter einer Mahonie in Herbstfärbung, die überneigenden Wedel eines Wurmfarns oder die tief gezackten Blätter der Artischocke ausgesprochen attraktive Blickpunkte. Von ganz besonderem Reiz sind große, auffallend gefiederte Blätter. Beispielsweise ziehen die fächerförmigen Blätter der Palmen bereits durch ihre Ausmaße den Blick auf sich und werden stets als Solitäre platziert.
Eine Sonderstellung nehmen Blätter mit feinen bis sehr feinen Blattfiedern ein. Beispiele sind Dill, Zierfenchel oder Schachtelhalm. Ihr filigranes Aussehen lässt die Pflanze transparent und leicht erscheinen. Einzeln in einer Gruppe lockern sie das Erscheinungsbild auf. Pflanzt man mehrere zusammen, verschmelzen die unzähligen Fiedern zu einem diffusen Bild, in dem sich Blätter und Pflanzen scheinbar völlig auflösen.

Links: *Das Indische Blumenrohr ist eine tropisch-subtropische Pflanze, die bei uns im Haus überwintern muss. Ihre aufrechte Wuchsform, die markanten Blätter und prachtvollen Blüten machen sie zu einer Diva im Blattschmuckgarten.*

Unten: *Der Reiz dieses Arrangements liegt im Kontrast – starre, schmale Blätter einer Wolfsmilch gegen das samtig weiche Laub des Wollziests.*

Markante Blattpersönlichkeiten

Blätter haben mehr zu bieten als Formen und Farben mit Fernwirkung. Ähnlich wie manche Blüten, die ihre Schönheit erst bei näherer Betrachtung enthüllen, lohnt sich auch bei vielen Blättern ein Blick auf die Details.
Im Blattschmuckgarten übernehmen größere Arten mit auffälligen Blättern die Schauwirkung. Diese Leitstauden ziehen den Blick auf sich, wirken als Brennpunkt und bieten dem Auge auch aus der Nähe Abwechslung. Da Blätter während der gesamten Vegetationsperiode präsent sind, müssen Blatt-Leitstauden noch sorgfältiger als Blütenstauden ausgewählt werden, um mit den übrigen Beetpflanzen eine harmonische Einheit zu bilden (→ Seite 34).
Entsprechend werden niedrige und weniger auffällige Arten danach ausgesucht, ob ihre Wuchsformen und Blattfarben die Wirkung der Leitstauden unterstreichen. Doch auch die Blätter dieser Begleitstauden können Schmuckstücke sein, die in ihrer Gesamtheit oder – bei besonders hübschen Details – aus der Nähe zur Geltung kommen.

Blätter als Skulpturen

Oben: *Ohne die vielgestaltigen Funkien wäre ein Blattschmuckgarten kaum denkbar. Neben ihrer kuppelförmigen Wuchsform zeichnen sie sich durch farbige und mit kräftigen Adern gezeichnete Blätter aus. Hier bildet eine Blaublattfunkie den Gegenpol zu den schmalen, aufrechten Blättern eines Grases.*

Neben relativ einfachen, geometrischen Grundformen präsentieren sich die Blätter vieler Blattschmuckstauden und Gehölze mit äußerst attraktiven oder ungewöhnlichen Formen. Allerdings kommen hübsch geformte Blätter erst dann wirkungsvoll zur Geltung, wenn sie eine gewisse Größe besitzen. Nach meiner Erfahrung sollten sie mindestens so groß wie eine Hand sein.

Wann ist ein Blatt eine Skulptur? Als ein ästhetisches Kriterium ist der Begriff von den persönlichen Vorstellungen und Vorlieben des Gärtners abhängig. Ich verstehe darunter alle Formen, die sich charakteristisch von den geometrischen Grundformen oval, kreis- oder bandförmig unterscheiden.

Ein Beispiel dafür sind schwertförmige Blätter. Den Idealtypus verkörpern die Blätter der Schwertlilien. Sie eignen sich bestens für kontrastreiche Gruppen, wo sie ein markantes Gegengewicht zu polsterförmigen Wuchsformen oder Stauden mit kleinen, regelmäßigen Blättern bilden. Bei Schwertlilien mit gelben oder weißen Blatträndern wird der Form- durch den zusätzlichen Farbkontrast noch stärker betont. Auch hohe tropische oder subtropische Arten, die im Sommer in Kübeln ins Beet gestellt oder eingegraben werden, wie *Yucca*-Arten oder Keulenlilien *(Cordyline australis)*, bilden solche Kontraste. Sie kommen aber nur in großen Beeten oder als Solitäre angemessen zur Geltung.

Spießförmige Blätter – Idealtypus Aronstab – kommen relativ selten vor. Im halbschattigen Beet ist der Aronstab deshalb uneingeschränkt empfehlenswert: Neben dem attraktiven Laub sorgen die tütenförmigen Hüllblätter um die Blütenstände und später im Jahr die leuchtend roten Beeren für Abwechslung. Weitere Alternativen mit spießförmigen Blättern bieten die feuchtigkeitliebenden Zimmerkallas *(Zantedeschia)*.

Herz- oder nierenförmige Blätter – Idealtypus Sumpfdotterblume und Veilchen – kommen häufig bei niedrigen Pflanzen vor. Sie eignen sich als Bodendecker im Halbschatten. Glänzen die Blattoberflächen außerdem wie bei der Haselwurz *(Asarum europaeum)*, entstehen faszinierende Licht- und Schattenspiele. Die herzförmigen Blätter der Elfenblume *(Epimedium)* punkten mit einem zusätzlichen Aspekt: Ihre jungen Triebe sind rot bis rötlich gefärbt.

Stachelig gezackte Blätter – Idealtypus Stechpalme – gibt es in den unterschiedlichsten Varianten. Die einzelnen Stacheln, die erst aus der Nähe ins Auge fallen, scheinen die Grenzen der Blätter optisch aufzulösen, insbesondere wenn

Links: *Efeu wächst auch im dauerhaften Schatten. Er begrünt Mauern oder hellt als Bodendecker düstere Ecken auf. Panaschierte Formen bilden ihre charakteristische Blattfarbe allerdings nur in der Sonne aus.*

Rechts: *Die glänzend grünen, bestachelten Blätter machen die immergrüne Stechpalme zu einer guten Heckenpflanze, die ungebetene Gäste fernhält. Auch als Beethintergrund eignet sie sich – hier eine panaschierte Form mit rot-cremeweißen Blatträndern.*

die Blätter panaschiert sind. Die Größe, Verteilung und Stärke der Stacheln ist extrem variabel: Sie reicht von den kräftigen, kurzen Stacheln der Agaven über die zahlreichen dünnen Stacheln der Disteln bis zu den zarten Zähnchen eines Nieswurzblatts. Als dominantes Gestaltungsmerkmal allein spielen Stacheln zwar keine spezielle Rolle, sie können aber die Wirkung eines Strauchs oder einer Blatt-Leitstaude unterstreichen. Bei einigen Arten wie beispielsweise den Disteln prägen sie sogar das Gesamtbild der Pflanze.

Blätter mit Relief

Blattoberflächen sind nur selten wirklich glatt. Bei den meisten Arten sind die Blattadern deutlich eingesenkt oder erhaben und zeichnen sich als regelmäßiges Netzwerk oder parallele Linien gut sichtbar ab. Bei Sorten mit mehrfarbigen Blättern setzen sich die Blattadern häufig sogar farbig gegen die Blattfläche ab. Und Arten wie Frauenmantel, Mariendistel und Palmkohl warten sogar mit gewellten oder gefältelten Blattoberflächen auf.
Allerdings fällt der Zierwert eines Blattreliefs nicht sofort ins Auge, sondern erschließt sich erst bei genauer Betrachtung. Bei Arten mit besonders großen Blättern wie Eselsdistel, Gunnera oder Zierrhabarber, die ohnehin die Blicke auf sich ziehen, sorgt das Blattrelief dagegen für zusätzliche Spannung, insbesondere wenn die Sonne seitlich darüberstreift oder durch die Blätter scheint. Funkien verkörpern für mich den Idealtypus von Blättern mit attraktivem Relief: Sie sind groß genug, um

Sinne schulen

Machen Sie aus einer einfachen Gartenbank einen Sitzplatz für die Sinne. Setzen Sie in Griffhöhe Pflanzen mit unterschiedlichen Blattoberflächen: Ertasten Sie mit den Fingerspitzen die weichen Härchen auf den Salbeiblättern. Fühlen Sie das raue Laub von Lungenkraut oder die festen Blätter von Bergenien oder Fetthennen. Oder spüren Sie den Unterschied zwischen dem Relief eines Funkienblatts und der gewellten Oberfläche von Mariendistel oder Frauenmantel.

aufzufallen, variabel in Farbe und Skulptur und verändern mit jedem Sonnenstand ihr Aussehen.

Blattbehaarung – Blätter als haptische Kostbarkeiten

Noch delikater als das Blattrelief ist die Blattbehaarung. Doch einzelne Haare wären viel zu fein, um aufzufallen. Erst wenn sie wollig, filzig oder seidig die gesamte Blattoberfläche überziehen, sind sie – wie bei vielen mediterranen Pflanzen – bereits von Weitem als weißer oder grauer Belag deutlich sichtbar. Zu einer wirklichen Bereicherung des Blattschmuckgartens und zum haptischen Erlebnis werden behaarte Pflanzen jedoch, wenn man sie in Griffnähe pflanzt. Die wollige Oberfläche eines Ziestblatts fühlt sich einfach ganz anders an als die samtige Blattfläche einer Pelargonie oder das borstig behaarte Laub des Beinwells (→ Kasten).

Blätter machen Musik

Dass Blätter auch »Musik« machen können, wird im Garten viel zu selten berücksichtigt. Dabei hat das sprichwörtliche »Waldesrauschen« doch sogar Eingang in die Literatur gefunden. Für einen echten Wald ist der Garten natürlich zu klein, aber für ein kleines Blatt-Ensemble ist immer genug Platz: Bambus, Weiden mit harten Blättern, raschelndes Herbstlaub oder hohe Ziergräser hören sich im Wind völlig unterschiedlich an. Lauschen Sie also dem Klang der Blätter: Jeder Sinn, der zusätzlich angesprochen wird, steigert die Lust am eigenen Garten!

Links: *Die fast nadelartig schmalen, weichwollig behaarten Blättchen des Lavendels verströmen beim Zerreiben einen angenehmen Duft. Ihnen gebührt ein Platz neben einem Weg oder einer Sitzbank.*

Rechts: *Die spießförmigen, wintergrünen Blätter des Aronstabs kommen am besten in einem naturnahen Beet unter Sträuchern zur Geltung. Die roten Beeren dienen als zusätzliche Blickpunkte.*

Links: *Farne sind ein Muss für halbschattige bis schattige Blattschmuckbeete. Ihre fein zerteilten, durchweg grünen Wedel wirken selbst bei großen Farnarten leicht und luftig.*

Rechts: *Die Blätter der Buntnesseln werten als farbige Highlights jedes Blattschmuckbeet auf. Das umfangreiche Sortenangebot lässt keine Wünsche offen.*

Von grün bis bunt: Blattfarben

»Pflanzen sind grün«, sagt jedes Kind, und die Gärtner lächeln wissend, weil sie so viele Ausnahmen kennen. Aber so ganz falsch liegt das Kind nicht, denn in der Tat ist Grün die Grundfarbe jedes Blatts. Ohne den grünen Blattfarbstoff Chlorophyll wäre keine Pflanze überlebensfähig – abgesehen von den wenigen nicht-grünen, parasitisch lebenden Arten. Selbst farbige Blätter besitzen grünes Chlorophyll, es wird nur die meiste Zeit des Jahres von anderen Farbpigmenten überdeckt. Doch auch grüne Blätter enthalten – in unterschiedlichen Anteilen – andere Farbmoleküle. Das Wechselspiel der Farben klärt sich spätestens im Herbst, wenn das Chlorophyll aus den Blättern in die Speicherorgane abtransportiert wird (→ Seite 26) und das Gelb oder Rot der übrigen Pigmente sichtbar wird – das Laub verfärbt sich.

Farbige Blätter verdanken ihr Aussehen zwei unterschiedlichen Prozessen: Echte Farben entstehen, wenn Blätter Farbpigmente einlagern. Es handelt sich also um einen biochemischen Vorgang.

Anders sieht es bei den Farben Weiß, Grau und Silber aus: Weiße oder panaschierte Blätter enthalten keine Farbstoffe, ihre Farbe basiert auf einem physikalischen Effekt. Sie entstehen, weil das Sonnenlicht von den Zellen reflektiert wird.

Grau oder Silber sehen wir dagegen, wenn dichte Haare auf der Blattoberfläche das Licht nur teilweise reflektieren. Deshalb schimmern silbrige Blätter nur im Sonnenlicht wirklich silbern.

Zwischen chemischen Pigmenten und den physikalischen Wirkungen der Reflektion gibt es allerdings Wechselwirkungen. Beispielsweise lassen Härchen manche Blattfarben samtig wirken. Und Pigmentfarben können verschieden aussehen, wenn das Blatt von der Sonne durchleuchtet wird.

Wie Farben wirken

Farben rufen bei jedem Menschen andere Stimmungen hervor. In einem Punkt sind sich aber alle einig: Grün wird von Menschen aus allen Kulturkreisen als beruhigend empfunden. Auch Blau wirkt besänftigend, Gelb dagegen aufmunternd und Rot aufregend. Achten Sie deshalb besonders darauf, in Sichtweite eines Sitzplatzes Farben einzuplanen, die die Stimmung positiv beeinflussen. Aber halten Sie dabei das rechte Maß: Zu viele unterschiedliche Farben und Nuancen wirken rasch ermüdend.

Grün in allen Spielarten

Um alle Grüntöne aus dem Blattspektrum zu beschreiben, fehlen die Worte. Grüntöne haben den Vorteil, dass sie sich fast beliebig miteinander kombinieren lassen.
Grüner Blattschmuck lässt sich am wirkungsvollsten durch andere Grüntöne zur Geltung bringen. Einheitliche Grünflächen, insbesondere das dunkle Grün von Koniferenhecken, bilden zwar einen guten Hintergrund für leuchtende Farben – auch für Hellgrün –, wirken aber allzu leicht schwer und düster. Sie eignen sich deshalb nur eingeschränkt als

Links: *Bei kleinblättrigen Arten, hier die Silberstrohblumen-Sorte 'Rondello', fällt die Panaschierung erst aus der Nähe auf. Aus der Ferne wirken solche Pflanzen pastellartig zart.*

Rechts: *Die Blattfarbe des Silber-Greiskrauts entsteht, weil die Blatthärchen das Licht reflektieren. Die Blätter der meisten silberfarbigen Arten fühlen sich deshalb an wie schmeichelnder Samt.*

Rechts: *Ein herbstliches Beet verändert in der Sonne seinen Charakter. Dann scheinen die farbigen Blätter im Gegenlicht wie farbiges Glas zu leuchten.*

Unten: *Bei vielen Gehölzen im Herbstlaub lohnt sich genaueres Hinsehen, denn die fortschreitende Verfärbung der Blätter ist gerade im Detail faszinierend – wie hier beim Katsurabaum.*

dominierendes Gestaltungselement. Erst durch abwechselnd helle bis dunkle Grünschattierungen entsteht ein aufgelockertes Bild, dem markante Blattformen oder Arten mit leicht beweglichen Blättern wie Bambus oder Gräser mehr Leben verleihen.

Bunte und panaschierte Blätter

Auch bei bunten Blättern wirken dunkle Töne – Tiefrot bis Purpurrot – eher düster; sie werden aber durch helle Schattierungen derselben Farbe oder frisches Grün kontrastreich in Szene gesetzt. Hellrote Blätter leuchten dage-

gen wie eine Blüte – allzu viel wirkt schnell unruhig und disharmonisch. Die hellroten Ahornsorten umgehen das Problem: Ihre tief eingeschnittenen Blätter erscheinen nicht als kompakte Farbflächen, sondern als buntes, lichtdurchlässiges Mosaik. Die Lavendelheide 'Forest Flame' und wenige andere Arten treiben beispielsweise mit leuchtend roten Blättern aus, die den Halbschatten wie Blüten erhellen.
Gelbe Blätter erinnern an Sonne und wirken am eindrucksvollsten an einem sonnigen Standort (→ Herbstfärbung). Echtes Blau ist – anders als bei Blüten – bei Blättern sehr selten. Da ihnen das entsprechende Pigment fehlt, entsteht die Farbe über eine Wechselwirkung von Pigmenten und der Reflexion von Lichtstrahlen. Am ehesten wirken die blausilbrig benadelten Fichten oder manche Wolfsmilcharten blau. Weil solche zarten Töne leicht von sehr kräftigen Farben überstimmt werden, ist die sensible Partnerwahl besonders wichtig. Gut wirken bläuliche Blätter beispielsweise neben Stauden mit pastellfarbenen Blüten oder neben Blattschmuckkollegen mit einfachem dunkelgrünem Laub. Das gilt im Übrigen auch für graulaubige oder silberweiße Pflanzen in einem sonnigen Beet.
Ein Sonderfall sind panaschierte Blätter. Sie entstehen, wenn in Teilen des Blatts entweder nur das Chlorophyll oder alle Farbpigmente fehlen. Da jedes panaschierte Blatt bereits einen Farbkontrast in sich trägt, sollten Sie die Mischung mit anderen zweifarbigen Sorten möglichst meiden. Solche Kombinationen wirken meist zu unruhig. Gute Partner sind einfarbige Arten, die die Farbtöne der panaschierten Blätter aufgreifen.

Im Herbst wird's richtig bunt

Wenn die Stauden bis auf einige Herbstblüher abgeblüht sind und die Blätter der Laubgehölze bunt werden, verwandelt sich jeder Garten mehr oder weniger in einen Blattschmuckgarten. Jetzt gerät der Blattschmuckgärtner ins Schwärmen: Sein Garten läuft jetzt noch einmal zu großer Form auf. Die größte Show bieten die Gehölze, doch es gibt auch Stauden und Gräser, die sich im Herbst bunt verfärben.
Im Unterschied zu den »ganzjährigen« Blattfarben, die wesentlich ein ererbtes Merkmal sind, wird die Herbstfärbung in gewissem Rahmen auch durch das

Wetter beeinflusst und ist daher unwägbar. Die roten und gelben Pigmente waren schon im Sommer in den Blättern vorhanden, wurden aber durch das grüne Chlorophyll überdeckt. Da der grüne Blattfarbstoff im Herbst in die Speicherorgane abtransportiert wird, werden jetzt die »Restfarben« sichtbar. Frühe und kräftige Nachtfröste beschleunigen den Vorgang und lassen die Herbstblätter besonders leuchtend erscheinen. Fällt der Herbst warm aus, wird das Chlorophyll langsamer und kontinuierlicher abtransportiert – die Farben verblassen nach und nach.

Um Enttäuschungen zu vermeiden, empfehle ich vor dem Kauf von Gehölzen herbstliche Spaziergänge in Parks und öffentlichen Gartenanlagen. So können Sie sich ein Bild von Arten und Sorten machen, die besonders hübsches Herbstlaub tragen.

Farbenschauspiel der Gehölze

Zum Glück gibt es eine ganze Reihe von Gehölzarten, die bekanntermaßen und relativ verlässlich mit hübschen Herbstfarben aufwarten. Prachtvolles Rot bieten zahlreiche Arten und Sorten des Ahorns (insbesondere *Acer palmatum* und *A. japonicum*) sowie Berberitzen *(Berberis)*, von denen sich sogar einige immergrüne Varianten im Spätherbst verfärben. Ebenfalls eine attraktive Herbstfärbung zeigen Zwergmispeln *(Cotoneaster)*, Spindelstrauch *(Euonymus alatus)*, Ginkgo *(Ginkgo biloba)*, Essigbaum *(Rhus typhina)* oder Eberesche *(Sorbus aucuparia)*.

Unter den Kletterpflanzen entwickelt die Jungfernrebe *(Parthenocissus tricuspidata)* eine besonders prachtvolle Herbstfärbung und taucht ganze Hausfassaden in leuchtendes Rot.

Der Herbst bietet auch eine breite Auswahl an Arten mit gelben und orangefarbenen Blättern wie Ahorn, Birken, Buchen, die Hickorynuss, Hartriegel-Arten, Eschen und Spiersträucher. Diese Blattfarben sind in der übrigen Vegetationsperiode sehr rar.

Damit die Herbstfärbung wirken kann, ist gute Planung nötig. Platzieren Sie Gehölze mit leuchtend rotem oder gelbem Herbstlaub vor eine Kulisse aus dunklen Immergrünen – sie bringen die Farben erst richtig zum Strahlen.

Auch hier gilt die Faustregel, dass kleine Gehölzgruppen besser zur Geltung kommen als mehrere willkürlich über den Garten verteilte Einzelexemplare von Ahorn & Co. Zeichnen sich solche Gehölzgruppen dann noch durch ausgewogene Formkontraste aus, wird der Herbst zu einem optischen Höhepunkt im Gartenjahr.

Links: *Zauberhafter Winterschmuck: die roten Beeren einer weiblichen Stechpalme*

Unten: *Da immergrüne Nadelgehölze eine gewisse Strenge verbreiten, sollten Sorten in unterschiedlichen Farben, Höhen und Wuchsformen miteinander kombiniert werden, um den Aspekt abwechslungsreicher zu gestalten.*

Ganzjährig Saison mit Immergrünen

Ihren größten Vorteil verrät bereits der Name: Immergrüne sind auch im Winter grün. Allerdings würde man sie unterschätzen, wenn man den Immergrünen nur die Funktion eines grünen Alibis für den Winter zugesteht. Denn im Blattschmuckgarten bilden sie rund ums Jahr einen wichtigen Aspekt.

Immergrüne Stauden

Echte immergrüne Stauden wie Fetthenne, Haselwurz und Steinbrech sowie manche Gräser (einige *Carex*- und *Festuca*-Arten) sind relativ selten. Viele der angebotenen Arten sind in Wirklichkeit niedrige Sträucher oder Halbsträucher. Dazu zählen Immergrün, Schleifenblume, Silberwurz und andere mehr. Die sogenannten wintergrünen Arten – beispielsweise Bergenien und Nieswurz – werfen ihre Blätter erst im Frühling ab, wenn die neuen Blätter austreiben. Sie übernehmen in einer Gehölzgruppe die Rolle der Bodendecker und sorgen im Beet als grüne Polster auch im Winter für Abwechslung.

Immergrüne Laubgehölze

Immergrüne Laubgehölze – auch unter ihnen gibt es einige wintergrüne Arten – unterscheiden sich im Sommer kaum von anderen Bäumen und Sträuchern. Ihre große Stunde schlägt im Winter, wenn ihre Nachbarn nur noch nackte Zweige in den Himmel recken.
Ich verwende immergrüne Laubgehölze vorrangig als Gegengewicht zu den eher strengen Formen der Nadelgehölze. Neben dem bekannten Buchs empfehlen sich Berberitze, Feuerdorn, Schneeball oder Spindelsträucher sowie Kirschlorbeer. Alle zeigen ansprechende Wuchsformen, wenn man sie frei wachsen lässt und nicht in Form schneidet. Das Gleiche gilt für die Stechpalme, deren glänzend grüne Blätter – es gibt auch panaschierte Sorten – in der Wintersonne glitzern. Stechpalmen haben allerdings zwei Nachteile: Sie werden sehr groß und sind zweihäusig. Um in den Genuss der roten Beeren zu kommen, muss ein männliches Exemplar in der Nähe der weiblichen Pflanze stehen.
Doch es geht auch ein paar Nummern kleiner: Wo der Boden sauer ist, bilden Heiden mit buntem, immergrünem Laub hübsch gemusterte Teppiche.

Immergrüne Nadelgehölze

Die größte Gruppe der Immergrünen stellen Nadelgehölze oder Koniferen. Sie behalten auch im Winter ihre Nadeln – mit Ausnahme der heimischen Lärche, die ihr Laub im Herbst abwirft.
Nadelgehölze bilden den Kern des winterlichen Gartens. Sofern ihre Endgröße nicht den Rahmen des Gartens sprengt, lassen sie sich vielfältig kombinieren.
Bei der Gestaltung mit Nadelgehölzen kommt es vorrangig auf die Grundfarbe der Nadeln und die Wuchsform an, denn Nadeln wirken bereits aus wenigen Metern Entfernung wie eine einheitliche Fläche. Gegen das winterliche Grau in Grau empfiehlt sich eine Gruppen aus Koniferen in unterschiedlichen Grüntönen. Noch munterer wird das Gartenbild, wenn Sie Sorten mit hellgrünen bis goldgelben Nadeln dazusetzen. Arten mit zart blausilbrigen Nadeln wirken am besten als Solitär oder vor einem dunkelgrünen Hintergrund, etwa vor eine Eibenhecke.
Spätestens im Winter rächt sich übrigens eine »grüne Wand« aus Koniferen. Sie verstärkt die trübe Stimmung der Wintertage. Wechseln Sie deshalb bei Hecken Arten mit verschiedenen Farben und Höhen ab, und kombinieren Sie – wo kein dichter Sichtschutz nötig ist – Koniferen mit lockeren Laubgehölzen wie der Hainbuche.

Oben: *Die beiden Lorbeer-Hochstämme bilden zusammen mit dem Efeubogen und den zu Kugeln beschnittenen, gelb panaschierten Spindelsträuchern eine reizvolle formale Gruppe.*

Oben: *Echter Salbei sollte in keinem Duftbeet fehlen. Neben der Art sind mehrere Sorten mit rötlichen Blättern erhältlich.*

Rechts: *Ein Hauch von Mittelmeer: Zur Blütezeit überragen die lang gestielten Blütenstände die Lavendelsträucher. Sowohl Blätter als auch Blüten duften intensiv.*

Duftende Blätter

Düfte sprechen einen sehr ursprünglichen Teil unseres Gehirns an. Sie bringen längst vergessene Erinnerungen ans Licht und lösen Stimmungen aus. Doch Duft ist ein flüchtiges Vergnügen – eine einzige kräftige Brise verweht den stärksten Duft. Dennoch wäre es schade, im Garten auf einen so reizvollen Sinneseindruck zu verzichten.
Die Natur benutzt Duft als Hilfsmittel, um eine Art zu erhalten – kein Wunder, dass die Evolution eine Vielfalt duftender Blüten hervorgebracht hat. Sie locken Insekten an und verführen sie zur Bestäubung. Doch Dufterlebnisse im Garten lassen sich auch ohne Blüten gestalten, denn die Blätter vieler Heil- und Gewürzkräuter enthalten ätherische Öle mit angenehmem Aroma.

Gewürze für die Nase

Für einen Duftgarten reichen ein paar Quadratmeter Fläche an einem sonnigen Platz aus. Ideal ist ein leicht geneigter Hang, der ab dem Vormittag in der Sonne liegt. Planen Sie dort eine Bank oder eine ebene Fläche für eine Liege ein, um den Duft in aller Ruhe genießen zu können. Am späten Vormittag, wenn der Tau verdunstet ist und die Sonne die Blätter erwärmt hat, duften Kräuter besonders intensiv. Da die meisten Blätter ihr Aroma erst preisgeben, wenn sie gedrückt oder zerrieben werden, pflanzen Sie die Kräuter in Reichweite der Hände. Auch leicht erhöht – in Pflanzgefäßen auf Etageren oder auf Trockenmauern – kommen die einzelnen Arten sehr gut zur Geltung. Und quasi im Vorübergehen können Sie den Duft genießen, wenn Sie Duftpflanzen neben viel begangene Wege setzen. Zupfen Sie ein Blatt oder einen Zweig ab, wenn Sie durch den Garten gehen, oder streichen Sie im Vorbeigehen mit der Hand darüber.
Mit einer geschickten Pflanzenwahl können Sie verschiedene Duftnoten zu einem Cocktail mixen: Kombinationen, die fast alle mögen, sind Echte Kamille und Heiligenkraut, Lavendel und Oregano, Pfefferminze und Duftpelargonien sowie Rosmarin, Salbei und Thymian. Oder schwärmen Sie mehr für herbe Düfte wie Bohnenkraut, Estragon, Liebstöckel oder Indianernessel?

Genießer-Tipps

Die Blätter von Duftpelargonien, Minze, Salbei, Zitronenmelisse und vielen anderen Kräutern sind herrlich frische Zutaten für sommerliche Drinks. Als Basis eignen sich viele Fruchtsaftgetränke oder eine Limonade aus Zitronensaft und Wasser. Lassen Sie die fein geschnittenen Kräuter etwa 1 Stunde ziehen, gießen Sie alles durch ein Sieb – fertig. Dekorieren Sie den Drink mit ein paar Blättchen oder geben Sie Eiswürfel mit eingefrorenen Blättern dazu.

Mit Blattschönheiten gestalten

Gewusst wie, lassen sich mit Blattpflanzen die verschiedensten Gartenstile verwirklichen – ob naturnah oder modern und formal. Selbst vor dem Gemüsebeet machen Blattschmuckgärtner nicht Halt.

Blatt für Blatt

Elegant oder naturnah, Ton in Ton oder kontrastreich, wild oder klar gestylt, schlicht oder geprägt von attraktiven Solitären: Blattschmuckpflanzen lassen keine Wünsche offen.

Rechts: *Das Strauchbeet wirkt trotz der vielen verschiedenen Pflanzen – Nadel- und Laubgehölze, Farne und Stauden – wie aus einem Guss. Der Grund: Das grüne Farbspektrum ist der gemeinsame Nenner, der die unterschiedlichen Pflanzenpersönlichkeiten verbindet.*

Unten: *Stehen Pflanzen mit unterschiedlicher Blattform direkt nebeneinander, entstehen spannende Kontraste. Zu viele Farben würden hier nur stören.*

Selbstverständlich muss auch ein Blattschmuckgarten geplant werden. Doch die Mühe lohnt sich: Die Blätter bleiben während der gesamten Vegetationsperiode präsent – bei Immergrünen sogar ganzjährig. Außerdem ist der Aufwand geringer als in einem Garten, der von Blütenstauden dominiert wird, denn die präzise Planung der Stauden nach der Abfolge ihrer Blütezeit entfällt. Auch Pflegemaßnahmen, wie das regelmäßige Abschneiden abgeblühter Blüten, sind im Blattschmuckgarten auf ein Minimum beschränkt. Sind die Gehölze und Stauden erst einmal gepflanzt, bleibt das Gestaltungskonzept nicht nur rund ums Jahr, sondern viele Jahre sichtbar. Die Blüten erscheinen lediglich als überraschender Bonus zu bestimmten Zeiten der Vegetationsperiode.

Die Gestaltung mit Blattschönheiten ist sowohl für Anfänger als auch für erfahrende Gärtner kein Problem, denn Sie brauchen sich dabei nur auf drei wesentliche Elemente zu konzentrieren. Das ist zum einen die Wuchsform der Pflanze. Darunter versteht man neben der Höhe auch die Gestalt, die eine Art unverwechselbar macht (→ Seite 36). Zum Zweiten spielt bei der Pflanzenwahl die Größe und Form der Blätter eine Rolle (→ Seite 18). Und drittens tragen Farbe und Muster der Blätter zum Gelingen eines Blattschmuckbeets bei (→ Seite 24–26). Beachtet man dann noch einige Grundregeln der Gestaltung wie die Höhenstaffelung oder das Setzen von Akzenten (→ Seite 40), geht bei der Verwirklichung des Blattschmuckgartens kaum etwas schief.

Blattschmuck für jeden Garten

Grundsätzlich sollten Sie sich bei der Planung vom Standort leiten lassen. Unter den Beispielbeeten und Pflanzplänen auf den Seiten 44–65 finden Sie deshalb verschiedene Vorschläge, die sich für schattige, halbschattige, sonnige oder trockene Standorte eignen. Zwar finden sich Blattschmuckgärten oft an schattigen Plätzen, doch das Pflanzensortiment lässt auch attraktive Beete auf sonnenreichen, trockenen Flächen zu. Für welchen Stil Sie sich entscheiden, ist sekundär: Hier bestimmen Ihr Geschmack und Ihre Fantasie: Mit Blattschönheiten können Sie einen naturnahen Garten ebenso verwirklichen wie ein modernes Konzept, einen reinen Ziergarten ebenso wie einen Gemüsegarten.

Ruhe und Spannung durch Wuchsformen

Als Wuchsform bezeichnet man den Umriss oder die Silhouette einer Pflanze. Sie ist unabhängig von der Art, Farbe und Form der Blätter und in gewissem Rahmen sogar von der Größe der Pflanze. Manche Wuchsformen sind schon Kindern geläufig und prägen ein ganzes Gärtnerleben lang unseren Eindruck von einer Pflanze: Dazu gehört die kegelförmige Gestalt eines Nadelbaums, die kugelige Krone eines Laubbaums, die glatte Fläche eines Rasens im Unterschied zu den »Grasbüscheln« einer wilden Wiese und vieles andere mehr.
Mit diesen verschiedenen Wuchsformen können Sie im Garten bewusst unterschiedliche Stimmungen erzeugen: Wir empfinden eine ebene oder sanft gewellte Fläche aus Bodendeckern als beruhigend, den Wechsel zwischen hohen und niedrigen oder schlanken und ausladenden Wuchsformen als lebendig und spannend. Fallen die Wechsel zwischen den Wuchsformen jedoch zu heftig aus und fehlen vermittelnde Übergänge wie etwa halbhohe Stauden zwischen Gehölzen und Bodendeckern, wirkt die Pflanzung unruhig. Selbst eine so einfache Form wie die glatte, senkrechte Fläche einer beschnittenen Hecke wird – je nach Charakter – als beschützend oder einengend empfunden.
Doch nicht alle Pflanzen lassen sich einer bestimmten Wuchsform zuordnen. Manche Sträucher und Stauden mit ungleichmäßig ausgebreiteten Zweigen oder Trieben wachsen frei, ohne eine besondere Gestalt. Sie sorgen dafür,

Links: *Palmlilien, hier die Sorte 'Variegata', und andere Arten mit starren, schwertförmigen Blättern liefern in jeder Beetkomposition auffallende Blickpunkte.*

Rechts: *Die panaschierten Schwertlilien zwischen den Kohlköpfen verwandeln das einfache Gemüsebeet in ein spannendes und ungewöhnliches Zierbeet.*

Natur beobachten

Sträucher mit gedrehten, gewundenen Zweigen wie die Korkenzieherhasel (*Corylus avellana* 'Tortuosa' oder die Schlangenbuche (*Fagus sylvatica* 'Tortuosa' sehen insbesondere im Winter sehr skurril aus. Am besten wirken sie als Solitär – in der Gruppe geht ihre charakteristische Wuchsform unter. Auch kleine Weiden mit hängenden Zweigen, die auf einen Stamm aufgepfropft werden, sind Schmuckstücke im Garten.

dass allzu regelmäßige Strukturen im Beet gebrochen werden. Manche frei wachsende Arten wie Ahorn oder Engelwurz kommen im Einzelstand optimal zur Geltung, andere passen bestens in den Hintergrund eines Arrangements.

Rasen und Bodendecker

Die einfachste Form ist die ebene Fläche – im Garten repräsentiert durch den Rasen. Dank seiner Form und der einheitlich grünen Farbe ist er der ruhende Pol im Garten, der die Komposition zusammenhält und alle anderen Wuchsformen gut zur Geltung bringt.
Schöne lebendige Bilder entstehen, wenn Sie einen Rasen zungen- oder leicht bogenförmig in die Beete hineinwachsen lassen. Auch Pflanzinseln mit Stauden oder Gehölzen, die Größe und Form der Rasenfläche auflösen, schaffen Spannung. Eine ähnliche Funktion wie der Rasen übernehmen Bodendecker. Dank ihres teppichartigen Wuchses in leicht unterschiedlichen Höhen hat ihre Oberfläche eine sanfte Wellenform, die harmonisch zu höheren Wuchsformen überleitet.

Beruhigende Kuppeln und Horste

Kuppeln und Horste machen aus Flächen dreidimensionale Skulpturen. Sowohl Polsterpflanzen als auch kompakt wachsende Pflanzen wie Gräser, Funkien, Frauenmantel und manche Gemüse repräsentieren diese Wuchsform. Auch Sträucher mit rundlichem Wuchs oder kleine Bäume mit hängenden Zweigen gleichen einer Kuppel. Sie sehen sowohl als Solitäre als auch im Hinter-

Links: *Niedrige, kuppelförmige Gräser wie Blauschwingel eignen sich bestens als Bodendecker oder als ruhige Farbinseln zwischen unregelmäßig wachsenden Stauden.*

Rechts: *Bäume in Trauerform verlagern die »Kuppel« auf eine höhere Ebene. Sie kommen sowohl einzeln als auch im Zentrum eines Beets zwischen niedrigen Pflanzen zur Geltung.*

grund eines Beets gut aus. Dort greifen sie die Kuppelformen der Stauden auf und wiederholen sie in größerer Höhe.

Säulen, Kegel, Pyramiden

Pflanzen mit säulenförmigem Wuchs sind aus der Gartengestaltung nicht wegzudenken. Sie werden im Idealfall durch schmale, hohe Nadelbaumsorten vertreten und wirken wie Ausrufezeichen. Paarweise gesetzt lenken sie die Augen des Betrachters wie durch ein Tor auf einen bestimmten Aspekt des Gartens.
Auch Kegel- und Pyramidenformen sind im Garten ausschließlich durch Gehölze vertreten. Typische Vertreter sind Nadelgehölze wie Kiefern oder Fichten. Sie eignen sich am besten als Solitäre, denn neben anderen Gehölzen geht ihre Form leicht unter. In kleinen Gärten lässt sich dieses Problem vermeiden, wenn sich die Farbe des Nadelbaums deutlich von den Farben der umgebenden Pflanzen abhebt.

Unten: *Wenn die formalen Bedingungen – Rankgerüst, Schutz der Mauern – beachtet werden, bieten Kletterpflanzen die faszinierende Möglichkeit, senkrechte Flächen zu begrünen. Neben Efeu erfüllen auch Wilder Wein, Kletterhortensien und einjährige Kletterpflanzen diese Aufgabe mit Bravour.*

Weil viele Nadelgehölze zu stattlicher Größe heranwachsen, sollten Sie beim Kauf auf die angegebene Endgröße achten. Fragen Sie auch, ob sich die Wuchsform des gewünschten Nadelbaums mit dem Alter verändert – das kommt relativ häufig vor. Unproblematischer sind Laubbäume und Sträucher mit kegel- oder pyramidenförmigem Wuchs wie Sorten der Schwarz-Erle (*Alnus glutinosa* 'Imperialis') oder die Baum-Hasel (*Corylus colurna*). Sie wirken lockerer und fügen sich meist besser in Blattschmuckgärten ein als die manchmal etwas streng wirkenden Nadelgehölze.

Wandlungsfähig: Kletterpflanzen

Da sich Kletterpflanzen jeder Unterlage anpassen, haben sie keine eigenständige Wuchsform. Kletterpflanzen auf Mauern bilden senkrechte Flächen, die durch Kombination unterschiedlicher Arten und Sorten abwechslungsreiche Muster bilden. Andererseits lassen sich Kletterpflanzen an allen möglichen Unterlagen zu Säulen, Bögen, Schirmen oder Laubengängen formen. In kleinen Blattschmuckgärten übernehmen sie mit Leichtigkeit die Aufgaben der Gehölze: Sie geben einer Komposition Höhe, machen sie spannend und wachsen nicht – wie manche Bäume – in den Himmel.

Wuchsformen als Kunst – der Formschnitt

Am Formschnitt scheiden sich die Geister. Manche Gärtner lehnen ihn ab, weil sie ihn als künstlich empfinden, andere möchten bei der Gestaltung nicht ohne streng in Form geschnittene Sträucher und Bäume auskommen.
Nüchtern betrachtet bietet der Formschnitt aber gerade im Blattschmuckgarten große Vorteile. Denn eine Herausforderung ist hier die Gestaltung von Blickpunkten. Blühende Stauden fallen aus, ihre Funktion übernehmen Arten

mit auffallenden Blättern oder kontrastierenden Formen. Und interessante Pflanzengestalten kann man eben sehr gut mithilfe des Formschnitts schaffen. Im Blattschmuckgarten kann der Formschnitt geeignete Pflanzen in einen ruhigen Rahmen oder in ein echtes Highlight verwandeln. So bildet eine exakt geschnittene, niedrige Buchsbaumhecke einen guten Rahmen für ein bewegtes Beet mit Blattschmuckstauden. Weil die schlichten Buchsbaumsträucher als neutral empfunden werden, richtet sich der Blick des Betrachters automatisch auf das eigentliche Beet. Der Rahmen grenzt die Beetpflanzen von der Umgebung ab und setzt sie wirkungsvoll in Szene. Bei einer Strauchgruppe übernimmt diese Aufgabe eine glatte, grüne Koniferenhecke – die dunkelgrüne Eibe ist prädestiniert für diese Aufgabe.

In Gärten der Renaissance und des Barocks ließen Gärtner Buchsbäume an den Ecken der Beetumrandung höher wachsen und schnitten sie zu Formen, um dem Rahmen mehr Gewicht zu geben. Von dort ist es nur noch ein kleiner Schritt zur Kugel, Halbkugel, Säule oder Pyramide, und der Buchs verwandelt sich in einen Blickpunkt.
Der Schnitt komplizierter Figuren verlangt jedoch Erfahrung und zeitlichen Aufwand. Überlegen Sie, ob Sie dies leisten können. Und vergessen Sie nicht: Ästhetische Akzente lassen sich genauso gut mit einfachen Formen setzen, deren Schnitt auch dem Anfänger gelingt.
Ein Tipp zum Schluss: Die meisten Gartencenter führen in Form geschnittene Buchsbäume. Ihr Schnitt ist relativ einfach: Sie müssen beim Schneiden nur der vorgegebenen Form folgen.

Links: *Buchsbaum wächst nach dem Schnitt rasch wieder zu kompakter, geschlossener Form heran. Er ist daher die ideale Pflanze für den »Einstieg« in die Kunst des Formschnitts.*

Rechts: *Das Schaublatt und seine Arten und Sorten bilden üppige, natürlich aussehende Horste. Hier erhebt es sich über flächig gepflanzte Purpurglöckchen und eine Funkie. Das Gras lockert den Aspekt auf.*

Rechts: *Vom Rasen bis zu den Farnen im Hintergrund zeigt diese Pflanzung eine großflächige Höhenstaffelung. Sie strahlt eine gewisse Strenge aus, ohne jedoch langweilig zu wirken.*

Unten: *Gelbbunte Funkien hellen halbschattige Aspekte wirkungsvoll auf und bringen Leben in dunkle Gartenecken.*

So entstehen bewegte Gartenbilder

Ein gut gestaltetes Blattschmuckbeet überzeugt dauerhaft durch die Vielfalt der Arten und Formen.
Das hört sich komplizierter an, als es ist. Doch die praktische Gestaltung ist in der Tat relativ einfach. Blätter passen zu Blättern – das reduziert die Gefahr, grundsätzliche Fehler zu machen.
Den folgenden Tipp sollten Sie bei der Planung aber von Anfang an beachten: Kaufen Sie nur Pflanzen, die sich an dem vorgesehenen Standort wohlfühlen (→ Seite 12). Am besten zeichnen Sie einen maßstabsgetreuen Plan Ihres Gartens, in den Sie alle gewünschten Beete eintragen und notieren, ob dort Sonne, Halbschatten oder Schatten vorherrscht. Das macht die Pflanzenauswahl einfacher.
Doch was macht ein Beet abwechslungsreich und interessant? Dazu gehören viele Aspekte, von Blattfarben und -formen bis zu Höhe und Wuchs. Damit die Gestaltung ein Erfolg wird, sollten Sie sich Zeit für die Planung nehmen und die folgenden Kriterien beachten.

Die Höhenstaffelung

Eigentlich ist es trivial, aber die Pflanzen eines Beets kommen nur dann zur Geltung, wenn der Betrachter sie auch sieht. Es macht keinen Sinn, eine Polsterstaude mit hübsch gezeichneten Blättern in die zweite Reihe hinter höhere Stauden zu verbannen. Die Regel »größer hinter kleiner« – vom Betrachter aus gesehen – ist nicht kompliziert und leicht zu befolgen. Bei Beeten, die nur von einer Seite aus betrachtet werden, ergibt sich daraus eine pultförmige Höhenstaffelung, d. h., die höchsten Arten stehen hinten, die niedrigsten vorn. Ist das Beet von mehreren Seiten aus sichtbar, beispielsweise ein Inselbeet im Rasen, stehen die höchsten Arten in der Mitte, die Pflanzung hat also eine pyramidenförmige Gestalt.
Doch auch hier gilt: Keine Regel ohne Ausnahme. Eine regelmäßige Höhenstaffelung wirkt spannender, wenn man gezielte Brüche einbaut: unterschiedlich hohe Polster in den unteren Höhenstufen, schmale, aber hohe Arten im mittleren Bereich, unterschiedlich hohe Arten mit verschiedenen Wuchsformen auch in den oberen Höhenstufen. Es inspiriert und hilft bei der Planung, wenn Sie sich das Beet als grüne Landschaft mit Bergen, Hängen und Tälern vorstellen: Niedrige Arten entsprechen den Tälern und Hängen, die sich in sanften Schwüngen zwischen die Berge – die höheren Nachbarpflanzen – schmiegen.
Eine interessante Variante sind Beete, in denen alle Pflanzen etwa die gleiche Höhe haben – mit »Ausreißern« nach oben und unten –, beispielsweise neben einem erhöhten Sitzplatz. Solche Pflanzungen erinnern an eine Blumenwiese, die – obwohl viele Pflanzen gleich hoch sind – doch nie langweilig wirkt. Hier resultiert die Spannung aus der wellenförmigen Oberfläche und den abwechslungsreichen Blattfarben und -formen.

Akzente setzen

Die Höhenstaffelung allein garantiert noch kein attraktives Beet. Spannung entsteht erst aus dem Wechsel von spektakulären Arten und ruhigeren Begleitpflanzen. Der Begriff Leitstaude aus der traditionellen Beetgestaltung trifft das Phänomen ziemlich genau. Doch welche Blattschmuckstauden zeichnen sich durch ihre Präsenz als echte Hingucker aus? Schiere Größe kann hilfreich sein, reicht aber als einziges Kriterium nicht aus. Mindestens ebenso entscheidend sind Wuchsform sowie Größe, Farbe und Form der Blätter. Tatsächlich wirken zu große Höhenunterschiede – Chinaschilf neben polsterförmigen Gräsern – sogar störend. Bei Leitstauden sollte es sich um Pflanzen handeln, die unmittelbar den Blick auf sich ziehen – Farne mit markanten Wedeln *(Dryopteris, Matteuccia)* zwischen Polsterstauden, eine exotische Canna zwischen mediterranen Halbsträuchern, eine Riesenstaude (z. B. *Gunnera*) zwischen feuchteliebenden Uferstauden oder eine Edeldistel mit silbrigen, stark gezackten Blättern.
Machen Sie einen Test: Spazieren Sie durch einen Park oder ein Gartencenter, und achten Sie auf Arten, die Ihnen sofort ins Auge fallen – das sind potenzielle Leitstauden. Sofern es die Größe des Beets zulässt, wirken Leitstauden noch durchschlagender, wenn sich mehrere Exemplare in kleinen Gruppen an verschiedenen Stellen wiederholen. So entsteht eine Rhythmik, die der Betrachter als anregend empfindet.
Für die Auswahl der Begleitstauden gilt eine Regel: Sie sollen nicht von den Leitstauden ablenken, sondern sie besser zur Geltung bringen. Das erreichen Sie durch gemäßigte Kontraste: niedrige Pflanzen neben hohen, kleinblättrige neben großblättrigen, kuppelförmige neben aufrechten, Pflanzen mit zerschlitztem Laub neben solchen mit ganzen Blättern – der Fantasie sind keine Grenzen gesetzt. Pflanzen Sie auch die Begleitstauden in Gruppen unterschiedlicher Größe und verteilen Sie die Gruppen unregelmäßig im Beet.

Blattfarben kombinieren

Neben den Blattformen entscheiden natürlich auch die Blattfarben, ob Leit- und Begleitstauden harmonische oder spannungsreiche Partner sind.
Starke Kontraste – rote gegen grüne, gelbe gegen blaugrüne Blätter – ziehen die Blicke auf sich und lassen das Beet lebhaft erscheinen. Farbverläufe – gelbe bis grüne, grüne bis blaue Blätter – wirken merklich ruhiger. An verschiedenen

Links: *Das artenreiche Ton in Ton Beet wird von Dunkelrot geprägt – vom Rotkohl über Purpursalbei und Knöterich bis zum Zierlauch.*

Unten: *Die roten Blätter des Ahorns setzen sich kontrastreich vom Grün und Grün-Weiß der Bodenpflanzen ab.*

Stellen im Beet gepflanzte Arten mit gleichen Blattfarben erzeugen eine Rhythmik der Farben. Deckt sich diese mit der Rhythmik der Formen – umso besser! Panaschierte Blätter sollten Sie dagegen mit Bedacht verwenden, beispielsweise gezielt als Leitstaude oder in kleinen Gruppen von Begleitstauden. Zu viele unterschiedlich gemusterte Blätter erzeugen keine Spannung, sondern Unruhe. Besser ist es, wenn sich die Farben des panaschierten Blatts in den Grundfarben der Nachbarblätter wiederholen. So entsteht eine farbliche Kontinuität, von der sich das Blattmuster optimal abhebt, ohne unruhig zu wirken.

Vielfältige Partnerschaften

Die Grundregeln der Beetgestaltung – Höhenstaffelung, Rhythmik, Akzente setzen, Form- und Farbkontraste – gelten für Blatt- und Blütenstauden gleichermaßen. Gerade die Kombination beider Staudentypen ermöglicht eine besonders große Vielfalt von abwechslungsreichen Partnerschaften. Und weil die meisten Gärtner nicht ausschließlich Blattschönheiten pflanzen, lohnt es sich, über die Kombination von Blatt- und Blütenstauden genauer nachzudenken. Letztlich bestimmen natürlich Sie, ob ein Staudenbeet mit einigen Blattschmuckpflanzen oder ein Blattschmuckbeet mit einigen Prachtstauden entsteht.

Farbkontraste oder Ton in Ton

Im sogenannten Farbenkreis sind die Farben wie auf dem Zifferblatt einer Uhr angeordnet: Gelb – Orange – Rot – Rotviolett – Blau – Blaugrün – Grün – Gelb. Kombiniert man Blüten- und Blattschmuckpflanzen, vergrößert sich die Auswahl kombinierbarer Farben: Intensiv blaue oder violette Farben kommen bei Blättern nicht vor, wohl aber bei Blüten. Selbst »blaue« Nadelgehölze oder Funkien haben immer einen grünlichen oder silbernen Schimmer. Auch die lebhaften Rot- und Orangetöne mancher Blüten finden sich bei Blättern nur selten und wenn, dann allenfalls in einer Herbstfärbung. Den stärksten Kontrast bieten Farben, die sich im Farbenkreis gegenüberstehen, beispielsweise intensive blaue bis violette Blüten neben gelben oder orangefarbenen Blüten. In einem solchen

Duett können auch Blattschmuckpflanzen eine Rolle übernehmen: Gelbblättrige Sorten gibt es beispielsweise von Funkien, Mädesüß, Pfennigkraut oder Rainfarn ('Aurea'). Und der klassische Kontrast Rot-Grün ergibt sich ganz von selbst durch die Kombination von roten Blüten und grünen Blättern.

Ton in Ton gestaltete Beete sind in einer einzigen Grundfarbe und ihren Nuancen gehalten, was bei der großen Auswahl an Blütenfarben nicht besonders schwierig ist. In Kombination mit Blattfarben ist die Auswahl jedoch geringer: Gelbe Blüten harmonieren mit hellgrünem Laub, blaue Blüten mit dunkelgrünen Blättern – Alternativen ergeben sich durch Sorten mit farbigem oder panaschiertem Laub. Die Stunde der Blätter schlägt vor allem in pastellfarbenen Beeten mit weißen, rosa oder hellblauen Blüten. Hier unterstreichen silbrige bis graue oder weiß panaschierte Blätter das zarte Farbenspiel.

Einzelne Blütenstauden im Blattschmuckbeet

In einem von Blattschmuckstauden dominierten Beet bilden üppig blühende Stauden zu bestimmten Zeiten attraktive Blickpunkte. Wenn im Frühling die Blattschönheiten erst langsam auf Touren kommen, sorgen Krokusse, früh blühende Tulpen, Narzissen oder die bis zu 1 m hohen Kaiserkronen für Abwechslung. Da sie sich nach der Blüte bis zum nächsten Frühjahr zurückziehen, eignen sich Knollen- und Zwiebelgewächse hervorragend für die Lücken zwischen den Blattschmuckstauden.

Im Sommer oder Herbst blühende Stauden brauchen mehr Platz. Wählen Sie schmale, hohe Arten, die auch außerhalb der Blütezeit durch ihre Wuchsform für Abwechslung zwischen den Blattschmuckstauden sorgen, wie Rittersporn, Lupinen oder Königskerzen.

Blattschmuckstauden im Blütenbeet

Im traditionellen Blütenstaudenbeet übernehmen Blattschmuckpflanzen den Part des Formkontrasts. Meine erste Wahl sind Gräser in all ihren Formen. Die sanft geneigten Blätter in Farbtönen zwischen silbrig blau bis rötlich, die sich bei jeder Brise bewegen, fügen sich wunderbar in fast alle Beete ein. Höhere Blattschmuckstauden mit markanten Wuchsformen oder Blättern, von großen Farnen über Edeldisteln bis zur Artischocke, dazu exotische Arten – im Kübel ins Beet gestellt –, können sogar die Funktion einer Leitstaude übernehmen.

Oben: *Dieser Aspekt überzeugt durch rosa bis rote Pastelltöne der Blüten und Blätter; nur das dunkelrote Laub der Begonien setzt einen kräftigeren Akzent.*

Klassisch: Blattschönheiten im Schatten

Nicht immer entscheiden sich Gartenbesitzer ganz bewusst für ein Blattschmuckbeet. Viele werden auch durch die äußeren Bedingungen mit der Zeit mehr oder weniger sanft dazu gedrängt. In der ersten Begeisterung über einen neuen Garten siegt fast immer die Lust an schönen Pflanzen über die Vernunft: Statt den schattigen Platz hinter einer Mauer standortgerecht zu bepflanzen, setzt man auch dort schöne Blütenstauden. Doch spätestens nach einer oder zwei Vegetationsperioden sind die Stauden nur noch ein Schatten ihrer einstigen Pracht. Das Gleiche gilt für eine Fläche unter Bäumen, deren Krone im Lauf der Jahre viel stärker gewachsen ist, als man je vermutet hätte.
An solch schattigen Standorten ist es viel besser, von Anfang an nicht gegen die Natur zu gärtnern, sondern den Platz durch ein attraktives Beet mit Blattschmuckstauden aufzuwerten. Denn Flächen im Schatten oder Halbschatten sind Paradestandorte für Blattschmuckstauden. Hier sind viele Arten und Sorten von Gehölzen, Sträuchern oder Stauden mit attraktiven Blättern die erste Wahl.
Echte Problemzonen im Garten sind dagegen Standorte, die im dauerhaften, tiefen Schatten von Häusern oder Mauern liegen – im ungünstigsten Fall kombiniert mit Trockenheit. Das Worst-Case-Szenario wäre eine Fläche unter einer Treppe oder einem breiten Balkon an der Nordwand eines Hauses oder eine Ecke, die nach Süden und Westen durch eine Mauer abgegrenzt wird.
Anders als an Schattenstandorten unter Bäumen, durch deren Zweige zumindest etwas Licht zum Boden fällt, wächst an solchen Stellen tatsächlich so gut wie nichts mehr. Dennoch lassen sich selbst hier mit Efeu vor hell gestrichenen Mauern, weißem Kies als Bodenbelag und Blattpflanzen in Kübeln noch lichte Akzente setzen – auch eine Statue als Blickfang hätte ihren Reiz. Und mit einem hübschen Sitzplatz, um der prallen Sommersonne zu entgehen, kann man selbst die düsterste Ecke noch sinnvoll nutzen. Oder wie wäre es mit einem beleuchteten Grillplatz für die Abendstunden im Garten?
Die drei Musterbeete auf dieser Doppelseite spielen mit dem Hauptthema »Waldschatten«. Sie eignen sich also für Standorte unter Bäumen und großen Sträuchern.

Unten: *Die Wirkung dieses »Birkenhains« beruht auf den dicht an dicht stehenden Birkenstämmchen und dem flach geschnittenen Buchs im Zentrum. Er bringt als Kontrast zu den locker wachsenden Pflanzen Ruhe in die Gruppe.*

Ein Birkenhain

Dieser grün-weiße Birkenhain ist eine zauberhafte Lösung für einen wirklich großen Garten. Und er wird über Jahre spannend bleiben und sich verändern, da die Birken sicher noch etwas wachsen werden. Möchten Sie eine ähnliche Pflanzung in einem kleinen Garten ver-

wirklichen, sollten Sie sich auf maximal zwei kleinwüchsige Birken beschränken. Ein solches Arrangement sähe auch am Rand einer Pergola mit weißen Stützen sehr hübsch aus, die das Weiß der Birkenstämme aufgreifen.
Der kastenförmig beschnitte Buchsbaum im Zentrum dient als ruhender Pol, stellt aber gleichzeitig einen Kontrast zum abwechslungsreichen Laub der Farne, Funkien und Haselwurz her. Eine hübsche Ergänzung zu den weißen Stämmen sind die weißen Blütendolden. An ihrer Stelle wären auch weiß blühende Päonien, Ziertabak oder Astilben denkbar.

Elegante Wegbegleiter

Diese Pflanzgruppe unter einem Baum, die einen geschwungenen Plattenweg säumt, beweist, dass auch ohne bunte Blüten attraktive Beete möglich sind. Die großen, kräftigen Blüten der Päonie und die hohen Blütenstände des Schaublatts reichen als Blickpunkte völlig aus. Auch bei der Auswahl der Blattschmuckpflanzen gilt bei diesem Beet das Prinzip: Weniger ist mehr. Die gestaffelten Wuchshöhen der bodendeckenden Pflanzen – Haselwurz und Elfenblume – bringen Bewegung ins Bild, während die markant geformten, größeren Blätter von Schaublatt und Storchschnabel für Abwechslung sorgen. Diese Pflanzgruppe ist ein gutes Beispiel dafür, wie man mit wenigen, geschickt arrangierten Pflanzen einen beschatteten Weg zum Gartenerlebnis werden lassen kann.

Herbstfeuer

Wenn die letzten Blüten vergehen – die großen Blütenstände der Hortensie sind längst verblüht – und die ersten kalten Nächte die Blätter des Japanischen Ahorns verfärben, läuft diese halbschattige Gartenecke zur Höchstform auf. Das Arrangement baut auf den beiden Gehölzen auf, die wegen ihrer unterschiedlichen Wuchsformen rund ums Jahr gut zueinanderpassen. Als Bodendecker kommen alle niedrigen Gehölze infrage, deren Blattfarben im Herbst mit dem Ahorn harmonieren, beispielsweise Rebhuhnbeere *(Gaultheria)*, Spindelstrauch *(Euonymus)* oder Zwergmispel *(Cotoneaster)*; selbstverständlich eignen sich auch bodendeckende Stauden. Ein oder zwei Gräser oder eine zierliche Taglilie könnten als zusätzliche Blickpunkte den sommerlichen Aspekt dieser Gartenecke aufwerten.

Links: *Schwungvolle Eleganz: Lassen Sie die Pflanzen neben einem Weg über die Kanten wachsen, damit Weg und Beet zu einer Einheit verschmelzen.*

Rechts: *Höhenstaffelung und abwechslungsreiche Farbenspiele machen diese kleine Gehölzgruppe im lichten Schatten das ganze Jahr zu einem Blickpunkt.*

Links: *Schöner kann man es kaum beweisen: Blattschmuckpflanzen sind alles andere als eine zweite Wahl. Hier geben sie dem Beet am Rasenrand einen ganz eigenen Charakter.*

Unten: *Markante Pflanzenpersönlichkeiten: Das Tafelblatt mit seinen schildförmigen Blättern und schmal aufragender Fingerhut sind ebenbürtige Partner.*

Im lichten Halbschatten der Gehölze

Während extrem schattige Standorte an Mauern oder Wänden selbst in kleinen Gärten eher die Ausnahme sind, finden sich in so gut wie jedem Garten halbschattige Plätze, oft an der Gartengrenze am Rand von Gehölzen. In den meisten Fällen erhalten diese Flächen genügend Licht für eine große Palette von Blattschönheiten. Außerdem ist hier Mut zum Experiment gefragt: Nach meiner Erfahrung vertragen viele Halbschattenpflanzen mehr Schatten, als man vermutet. Die Pflanzbeispiele auf dieser Seite stellen Lösungen für gemäßigten Schatten bis Halbschatten vor; sie lassen sich in vielen Gartensituationen realisieren.

Eine elegante Rabatte

Viele Gartenbesitzer kennen diese Situation: In die Jahre gekommene hohe Gehölze beschatten den Randbereich des Gartens. Wo früher Stauden gediehen, bleiben die Blüten aus. Solche Standorte wertet ein attraktives Blattschmuckbeet auf und macht, wie in diesem Beispiel, den Übergang vom Rasen zur Garten-

grenze mit Gehölzbepflanzung wieder zum Hingucker.
Die immergrünen Rhododendren im Hintergrund des Beets sind natürlich zur Blütezeit besonders attraktiv, aber ihre kompakte Wuchsform gibt der Rabatte auch außerhalb der Blühperiode Rückgrat. Rhododendren und Azaleen brauchen sauren Boden, doch clevere Züchter versorgen den Fachhandel seit einiger Zeit mit Sorten (Inkarho®-Rhododendren), die auch auf neutralen bis basischen Böden wachsen. Die rundliche Form der Rhododendren nehmen die exakt kugelig beschnittenen Buchsbäume wieder auf und wiederholen sie rhythmisch. Auch die unterschiedlichen Funkien – im Vordergrund kombiniert mit Elfenblume und Schaublatt – bleiben der kuppelförmigen Wuchsform treu. Das Beet strahlt eine gewisse Frische aus, ohne kühl zu wirken.
Alternativ könnte man eine der Funkien durch einen Frauenmantel *(Alchemilla mollis)* ersetzen, dessen limonengrüne, winzige Blüten sich sehr gut in das Farbschema einfügen.

Formkontrast extrem

Das zweite Beispiel zeigt, welches Gestaltungspotenzial in Blattschmuckstauden steckt. Die schildförmigen Blätter des Tafelblatts werden erst durch die hohen Blütenstände des Fingerhuts zum Erlebnis. Solche Kontraste zwischen groß und klein, schmal und breit oder ruhig und bewegt sind für jeden Garten ein Gewinn. Das Tafelblatt oder das ähnliche Schildblatt brauchen allerdings relativ viel Platz. In größeren Gärten können sie durchaus in eine Gruppe integriert werden, im kleinen Garten wie hier sind sie nur als einzelner Blickpunkt sinnvoll.

Oben: *Der Wechsel der Wuchsformen und ihre rhythmische Wiederholung sorgen für die innere Spannung dieses Beets. Andernfalls würden die einzelnen Stauden »beliebig« wirken, und der Eindruck wäre chaotisch.*

Formenvielfalt am Bach

Zum Schluss ein Beispiel, das beweist, dass sich Vielfalt und klare Gestaltung nicht ausschließen. Das Beet am Ufer eines Gartenbachs liegt im Schatten von Gehölzen, bekommt aber im Verlauf des Tags genug Sonne. Damit vergrößert sich die Zahl geeigneter Pflanzen. Auf den ersten Blick scheinen alle Wuchsformen wild durcheinanderzuwachsen. Tatsächlich wurden aber vorwiegend horstartig wachsende Blatt- und Blütenstauden gepflanzt. Die Spannung entsteht durch verschiedene Wuchshöhen und die hohen, schmalen Blätter.
Die Kunst bei der Gestaltung ähnlicher Beete ist es, ein »beherrschtes Chaos« zu erzeugen: Abwechslung entsteht durch verschiedene Höhen und Farben, kombiniert mit einer oder wenigen Arten, die sich durch markant abweichende Höhen und Wuchsformen absetzen.

Grüne Polster im Halbschatten

Diese Pflanzgruppe ordnet sich um einen kleinen Teich an, käme aber ebenso gut unter einem größeren Baum oder am Rand eines Rasens zur Geltung. Abgesehen von einem einsamen Fingerhut, der sich – bewusst gestaltet oder zufällig – in die Komposition »eingeschlichen« hat, basiert die ästhetische Wirkung des Arrangements auf den abwechslungsreichen Wuchsformen, Blattfarben und -formen.

Auswahl der Pflanzen

Die das Bild dominierenden Funkien (*Hosta*-Arten und -Sorten) sind relativ robuste Stauden: Sie gedeihen am besten im lichten Schatten von Bäumen, vertragen aber auch eine mehrstündige Beschattung im Lauf des Tags. Ist der Boden feucht genug, dürfen sie sogar in der Sonne stehen. Der Boden sollte humushaltig bis sandig sein und nicht zur Staunässe neigen. Funkien sind aber nicht sehr wählerisch und etablieren sich auf fast jedem normalen Gartenboden. Sie sind frosthart und treiben im Frühjahr erst relativ spät aus. Das Japanische Waldgras *(Hakonechloa macra)* stellt ähnliche Ansprüche an das Licht, eignet sich aber auch für stärker besonnte Standorte und ist auf gut wasserdurchlässige Böden angewiesen. Im Unterschied zu den Funkien braucht dieses Waldgras mehrere Jahre, um wirklich frosthart zu werden. Bei Jungpflanzen ist daher ein Frostschutz dringend anzuraten.
Die Schwertlilie *(Iris pseudacorus)* im Vordergrund benötigt sehr feuchten Boden. Hier ist das kein Problem, da ihre Rhizome Kontakt zum Teichwasser haben. In einer Variante ohne Teich ersetzt man sie durch eine Sorte der Wiesen-Iris *(I. sibirica)*, die etwas niedriger bleibt und breitere Blätter hat. Beide gedeihen sowohl an sonnigen als auch an halbschattigen Plätzen.
Eine besonders vielseitig verwendbare Pflanzengruppe sind die Taglilien

Pflanzplan

Beetgröße 4 x 4 m

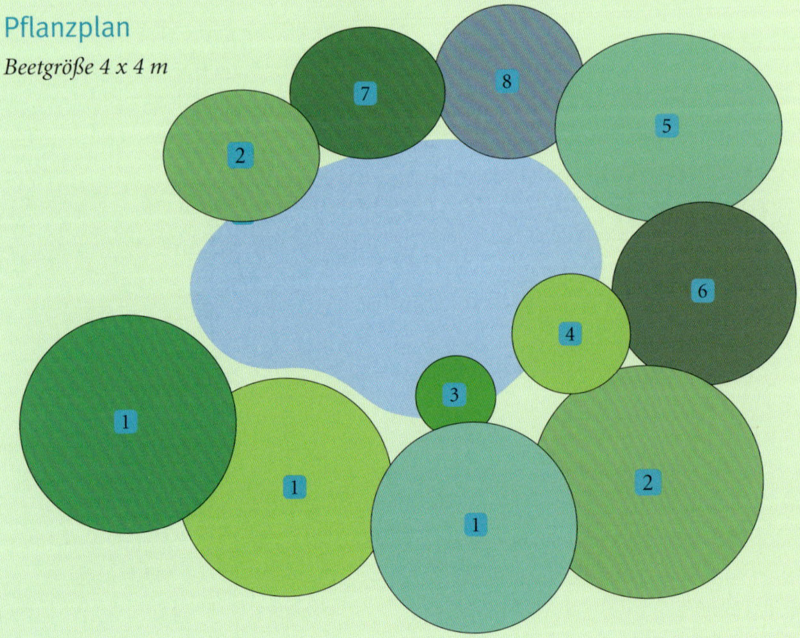

Pflanzliste

1. 3 Funkien *(Hosta)*
2. 2 Japanisches Waldgras *(Hakonechloa macra)*
3. 1 Sumpf-Schwertlilie *(Iris pseudacorus)*
4. 1 Taglilie *(Hemerocallis)*
5. 2 Wiesen-Federmohn *(Macleaya cordata)*
6. 1 Berberitze *(Berberis)*
7. 1 Japanischer Ahorn *(Acer japonicum)*
8. 1 Lamberts-Hasel *(Corylus maxima)*

(*Hemerocallis*-Sorten). Sie haben dieselben Ansprüchen wie Funkien, vertragen aber etwas feuchtere Böden.

Der Wiesen-Federmohn *(Macleaya cordata)* ist die am wenigsten standortgerechte Pflanze in diesem Beispiel, da er Sonne und trockenen bis frischen Boden mag. Solange er allerdings im lichten Schatten ausreichend besonnt wird, ist er einen Versuch wert.

Das Rückgrat aus Gehölzen bilden Berberitze *(Berberis thunbergii)*, eine Lamberts-Hasel *(Corylus maxima)* und ein Japanischer Ahorn *(Acer japonicum)*.

Gestaltungstipps

Die Funkien und das Japanische Waldgras im Vordergrund sind die eigentlichen Blickpunkte, ohne dass eine bestimmte Pflanze besonders herausragt. Diese Gruppe aus kuppelförmigen Stauden strahlt eine gewisse Ruhe aus, ist aber nie langweilig, weil die panaschierten Blätter für Abwechslung sorgen. Insbesondere die rhythmische Farbgebung macht das Arrangement lebendig: Die Funkie 'Cherry Berry' und das Waldgras 'Aureola' hellen die vordere Reihe auf; das Waldgras wiederholt den farbigen Akzent im Hintergrund. Schwertlilie und Taglilie sorgen mit ihren langen, schmalen Blättern für den Formkontrast. Die merklich höheren Pflanzen im Hintergrund – insbesondere die tief eingeschnittenen Blätter des Federmohns – bilden die Kulisse.

Nur wenig Pflege

Während der Japanische Ahorn ohne Schnitt auskommt, müssen Berberitze und Hasel im zeitigen Frühjahr kräftig zurückgeschnitten werden, damit sie neue Triebe bilden. Funkien sind eine Lieblingsmahlzeit der Gartenschnecken. Schützen Sie den Austrieb deshalb mit übergestülpten Gläsern und bekämpfen Sie, wenn nötig, die Schnecken.

Links: *Rundum gestylt: Die weißen, runden Steinmauern gliedern die Fläche des Gartens in Stufen und präsentieren die Pflanzen auf verschiedenen Höhen.*

Unten: *Beschwingt und doch in Form: Die Masken auf der Gartenmauer tragen ebenso zum Gesamteindruck bei wie die sorgfältig ausgesuchte Bepflanzung.*

Blattschönheiten in der Sonne

Blattschmuckpflanzen in der Sonne? Das ist kein Widerspruch. Im Gegenteil: Die Pflanzenpalette ist so vielfältig, dass es gerade für sonnige Standorte viele Kombinationen gibt. Die Beete auf dieser Seite zeigen an zwei Beispielen, wie Blattschmuckstauden in eine moderne Gestaltung eingebunden werden können, das dritte Beet spielt mit Kräutern.

Zwischen Mauerbögen

Die niedrigen, schneeweißen, in Kreisbögen geschwungenen Mauern halten als rhythmisches Element alle Teile des Gartens zusammen. Die Kreisform wiederholt sich im Hintergrund in dem Muster aus grünen Bodendeckern, während die weiße Farbe von den Bodenplatten und in den Blüten wieder aufgenommen wird. Eine bunte Bepflanzung würde die Klarheit und Einfachheit eines solchen Gartens nur stören.
Das Blattgrün – einzige Ausnahme sind die Büschel des fast schwarzblättrigen Schlangenbarts (*Ophiopogon planiscapus* 'Niger') – harmoniert dagegen bestens

mit dem grellen Weiß. Dass alle Pflanzen eine kuppelförmige Wuchsform haben – unterstützt mit der Heckenschere –, passt wiederum zu den alles beherrschenden Kreisformen.
Das Prinzip kann in kleinerem Maßstab auch in einen Reihenhausgarten übertragen werden. Mit bogenförmigen Stützmauern lassen sich Geländestufen verebnen oder in ebenen Grundstücken Höhe erzeugen. Ein Sitzplatz wird durch halbhohe Mauern zur geschützten Oase. Achten Sie bei der Auswahl der Pflanzen vor allem auf die Gesamtwirkung: Eine Ansammlung von »Stars« lenkt von den Bögen ab; schlichte Polster- und halbkugelige Stauden sowie einige markante Blickpunkte fügen sich viel besser ein. Der schmale Bereich zwischen zwei Mauern ist ein relativ schwieriger Standort. Ist der Boden nicht durchlässig genug, kann sich Staunässe bilden. Andererseits trocknet die Erde hier an heißen Tagen stärker aus als in einem offenen Garten, muss also regelmäßig gegossen werden. Füllen Sie nach dem Bau der Mauern eine Dränageschicht aus Kies ein und schichten Sie die Erde darüber. Eine Mulchauflage und regelmäßige Kontrolle der Bodenfeuchte hält die Pflanzen zwischen den Mauern fit.

Mauern, Masken und Kugeln

Die Grundform dieses Entwurfs ist der Kreis bzw. die Kugel, die in den Masken auf der Mauer, den kugelig beschnittenen Hochstämmen und den Polstern am Boden auftaucht. Bereits die Höhenstaffelung – Boden, Mauer, Baumkronen – sorgt für Abwechslung, doch erst die Kombination mit dem »wilden« Beetanteil im Vordergrund mit großen, markanten Blättern, grasartigen Polstern, dunkelroten Blättern und schmalen, hohen Blütenständen macht den Garten zu einem spannenden Erlebnis. Die Prinzipien des Entwurfs lassen sich auch in bescheidenerem Maßstab verwirklichen. Denn er lebt von dem Wechselspiel von lebenden und gebauten Formen, von Rhythmik und Wildheit.

Oben: *Statt einzelne Pflanzen mit wechselnden Wuchsformen gegenüberzustellen, lassen sich im Blattschmuckgarten die Blattfarben auch flächenhaft wie ein Mosaik einsetzen – hier verwirklicht mit duftenden Kräutern. Die unterschiedlichen Blattgrößen sorgen für zusätzliche Spannung.*

Blau, blau, blau ...

Reines Blau kommt nur bei Blüten vor, doch das intensive Blau- oder Silbergrün mancher Nadelgehölze und Stauden scheint zumindest im Sonnenlicht blau zu schimmern. In diesem Kräuterbeet fügen sich Flächen mit Purpursalbei, Heiligenkraut, Rosmarin, Lavendel und anderen Stauden zu einem Mosaik aus Blau- und Grüntönen. Wuchsformen und Höhen der Arten spielen kaum eine Rolle bei der Gestaltung – das Farbmuster macht das Geheimnis aus.

Farbstreifen für ein Sonnenbeet

Dieser Abschnitt eines größeren Sonnenbeets vertraut trotz des blühenden Salbeis ganz auf die Farben und Formen der Blätter. Die Arten sind bandartig in sogenannten Drifts angeordnet und in der Höhe gestaffelt – damit bekommt das Gesamtbild etwas Bühnenhaftes.

Auswahl der Pflanzen

Die große Palette von Blattschönheiten für sonnige Standorte macht die Gestaltung einerseits reizvoll, andererseits schwierig, denn in den meisten Gartencentern sind Blattschmuckstauden nicht gesondert ausgestellt. Sie müssen also passende Exemplare aus der Masse der Blütenpflanzen suchen.
Die Purpurglöckchen *(Heuchera)* im Zentrum des Beets fallen durch ihre silbrigen Blätter mit grünen Blattadern auf. Der Handel bietet mehrere ähnliche, panaschierte Sorten ('Cascade Dawn', 'Dales Strain', 'Frosty', 'Mint Frost' oder Sorten von × *Heucherella*) an. Purpurglöckchen vertragen keine sehr trockenen Böden. Es sind keine reinen Sonnenpflanzen, sondern sie wachsen auch im Halbschatten. Für die panaschierten Sorten sind sonnige Standorte dagegen besser geeignet, weil die Blätter bei Sonnenmangel zum Vergrünen neigen.
Der Steppen-Salbei (*Salvia nemorosa* 'Mainacht') ist dagegen ein wahrer Sonnenanbeter. Hinter ihm ragt das hohe Büschel-Haargras (*Stipa tenuissima* syn. *Nassella tenuissima*) mit seinen dünnen Blättern auf. Es hat den großen Vorteil, sowohl auf trockenen als auch auf feuchteren Böden zu gedeihen – solange es genügend Sonne bekommt. Den Hintergrund des Beets bildet ein dunkelrot beblätterter Knöterich (*Persicaria microcephala* 'Red Dragon'), eine robuste Staude, die feuchtere Böden mag.
Für markante Blickpunkte sorgen die riesigen, kugeligen Blütendolden der Engelwurz *(Angelica archangelica)*.

Pflanzplan

Beetgröße 4 x 4 m

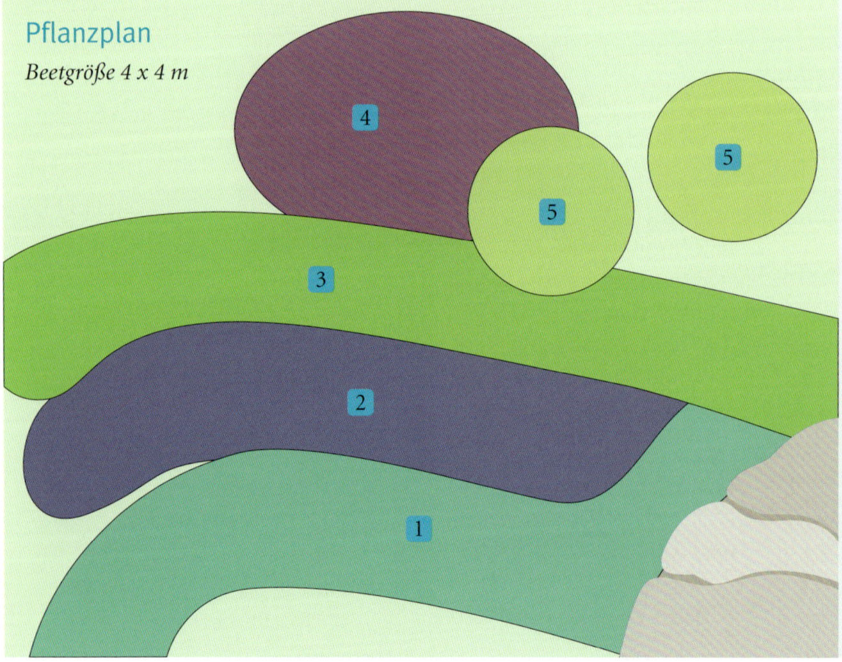

Pflanzliste

1. 8 Purpurglöckchen *(Heuchera)*
2. 8 Steppen-Salbei (*Salvia nemorosa* 'Mainacht')
3. 10 Büschel-Haargras (*Stipa tenuissima*)
4. 1 Kleinköpfiger Knöterich (*Persicaria microcephala* 'Red Dragon')
5. 2 Engelwurz *(Angelica archangelica)*

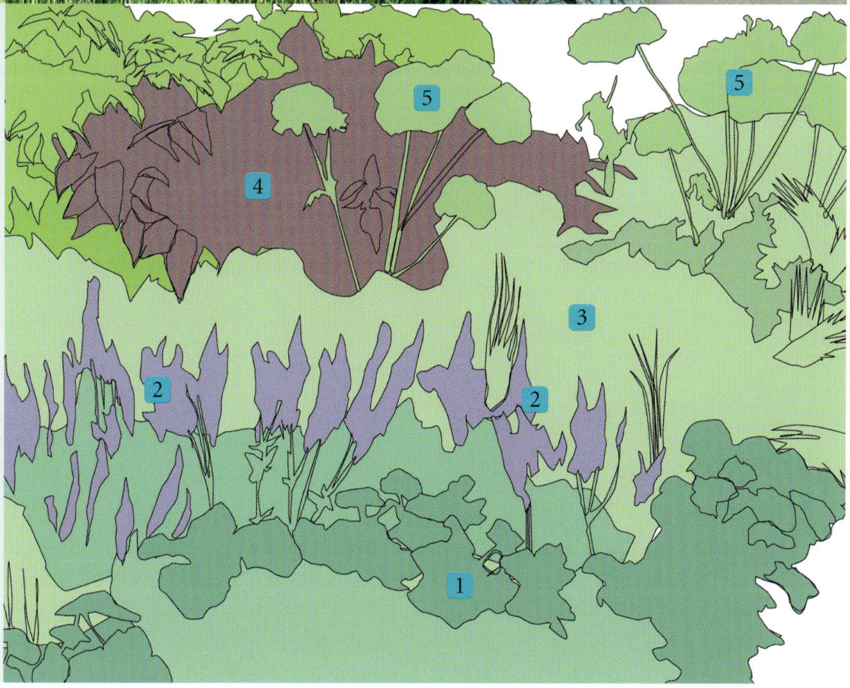

Gestaltungstipps

Die besondere Wirkung dieses Beets geht von dem quer verlaufenden Streifen der grünen Gräser aus, der das Arrangement teilt. Vor dieser neutralen Kulisse kommt das Dunkelblau der Salbeiblüten erst richtig zur Geltung. Das Gras ist aber auch ein verbindendes Element, denn die dunkle Blattfarbe des Knöterichs hinter dem Grasvorhang harmoniert wunderbar mit der Blütenfarbe. Die Dolden der Engelwurz, die sich über die übrigen Pflanzen erheben, sorgen als einzige Kugelform neben Flächen und Säulen für den erforderlichen Formkontrast. Die Kugelform setzt sich später im Jahr in den Fruchtständen fort. Die panaschierten Purpurglöckchen bilden das lebhafte Souterrain des Arrangements.
Das Prinzip – wenige flächenhaft gepflanzte und in der Höhe gestaffelte Arten – lässt sich mit den verschiedensten Pflanzen verwirklichen. Damit es nicht langweilig wird, lockern Sie die Gestaltung mit unterschiedlich gezeichneten Blättern und markanten Wuchsformen auf.

Pflegetipps

Alle Arten dieses Beets müssen bei Trockenheit regelmäßig gegossen werden. Eine Mulchauflage im Frühling hält das Wasser in der Erde zurück. Beachten Sie bei der Auswahl der Arten den unterschiedlichen Wasserbedarf und die Bodenansprüche der Pflanzen. Bis auf den Salbei, der auch mit weniger Wasser zufrieden ist, sind alle Arten auf frischen bis feuchten Boden angewiesen. Pflege ist nur wenig nötig: Im Frühling werden die abgestorbenen Blätter von Purpurglöckchen und Haargras entfernt. Die Blütenstände des Salbeis schneiden Sie erst nach der Blüte ab; mit etwas Glück blühen sie dann zusammen mit den Purpurglöckchen ein zweites Mal.

Blätter und Blüten kombinieren

Welcher Gartenliebhaber wird nicht schwach, wenn er im Gartencenter, einer Gartenzeitschrift oder im Blumenbeet eines Bekannten eine wirklich prachtvoll blühende Staude sieht? Und was macht es für einen Sinn, sich einen Wunsch nicht zu erfüllen, nur weil er gerade nicht ins Konzept passt? Bis auf die Farne sind selbstverständlich alle Blattschmuckpflanzen auch Blütenpflanzen – einige blühen sogar außergewöhnlich hübsch –, daher ist es mehr als legitim, Blattschmuckstauden mit schön blühenden Stauden zu kombinieren. Denn Gärten sind etwas sehr Persönliches: Ein liebevoll nach persönlichen Vorlieben gestaltetes Beet – auch mit gestalterischen »Mängeln« – ist allemal besser als ein perfekt durchgestylter Garten, in dem sich der Besitzer nicht wohlfühlt. Wenn Sie also auf Blüten nicht verzichten wollen: Hier finden Sie drei Beispiele, wie sich Blattschmuckstauden und Blütenpflanzen aufs Beste kombinieren lassen.

Unten: *Bei der Gestaltung von Beeten mit Blüten- und Blattschmuckstauden kommt es auf eine gute Mischung an. Wenige Blütenstauden sollten auf einer Höhenstufe oder an bestimmten Stellen konzentriert sein und so das Thema »Blätter« unterstreichen.*

Gar nicht scheue Mauerblümchen

Das Beet vor einer weiß gestrichenen Mauer kombiniert Blattschmuck- und Blütenstauden, wobei den Blattschmuckstauden der größere Anteil zukommt. Weiße Mauern im Garten sind nicht unproblematisch: Werden sie direkt von der Sonne beschienen, kann ihr strahlendes Weiß die Wirkung der Farben schwächen. Andererseits wirken sie stark aufhellend – in diesem Fall bildet das Weiß der Mauer ein Gegengewicht zu der breiten Reihe aus Blattschmuckpflanzen im Vordergrund des Beets. Die Pflanzen ordnen sich grob in drei Ebenen an: Der Vordergrund wird von Blattschmuckstauden wie Frauenmantel und Salbei eingenommen. Dank ihrer sehr unterschiedlichen Blattformen lassen sie, trotz gleicher Höhe, keinerlei Langeweile aufkommen. Auch der geschwungene Rasenabschluss trägt zu dem beschwingten Eindruck bei. In einer aufsteigenden Linie von den Blüten links im Vordergrund wird die mittlere Höhenebene durch einzelne, verstreute Blütenköpfchen bestimmt, die wie kleine, gelbe Sonnen erscheinen. Den einzigen Farbkontrast liefern die violettblauen Blütenstände. Die dritte Höhenstufe bilden sehr locker wachsende Gehölze und Großstauden, zwischen denen die weiße Wand durchschimmert.
Obwohl das Beet verhältnismäßig viele Blattschmuckstauden enthält, fallen dem Betrachter zuerst die gelben Blütensterne ins Auge. Sie geben dem Beet seinen Charakter. Wichtig ist jedoch, dass Sie sich bei einer solchen Pflanzung – egal für welche Art Sie sich entscheiden – auf eine Blütenfarbe beschränken.

Denn eine einzige, leuchtende Grundfarbe ist ein besserer Blickpunkt als eine bunte Mischung.

Gut gestaffelt: ein blühendes Blattschmuckbeet

In diesem Beet sind die Verhältnisse genau umgekehrt: Die Blüten sind hier eindeutig die dominante Komponente, zumindest zum Zeitpunkt der Aufnahme. Der schwefelgelb blühende Frauenmantel ist außerhalb seiner Blütezeit eine sehr wirkungsvolle Polsterstaude mit kompakt kuppelförmigem Wuchs. Falls seine Blüten Sie stören, dürfen Sie sie radikal mit einer Heckenschere zurückschneiden und sich bis zum Winterbeginn an den Polstern erfreuen. Auch der purpurrot blühende Storchschnabel *(Geranium)* hat hübsche Blätter, die außerhalb der Blütezeit die Schmuckfunktion übernehmen. Während die schwert- und grasartigen Blätter von Chinaschilf und Orientalischer Iris *(Iris orientalis)* jetzt nur eine willkommene Auflockerung zwischen den Blüten bilden, sorgen sie in der blütenlosen Zeit für einen kräftigen Formkontrast. Sie wurden als rhythmisches Element jeweils in einer Dreiergruppe gepflanzt.

Die einzelnen Höhenstufen des Beets erheben sich zunächst sanft von der Rasenkante und steigen schließlich mit einem Sprung rasch an. Der kontrastreiche Wechsel der Blütenfarben und Blattformen lässt keine Langeweile aufkommen.

Der Zauber der Prärie im Garten

Gräser in allen Formen und Größen sind ein wesentliches Element jedes Blattschmuckgartens. In dieser weitläufigen Komposition dienen sie aber nicht als kontrastreiche Ergänzung anderer Stauden, sondern sind die Hauptdarsteller eines Präriebeets. Die Gräser mit unterschiedlicher Höhe, Blattbreite, Farbe und Fruchtständen wurden gestaffelt gepflanzt. Der Eindruck von Wellen wird noch intensiviert, wenn die gesamte »Prärie« bei Wind in Bewegung kommt. Welche Arten und Sorten Sie zusammenstellen, ist gar nicht so wichtig. Was zählt, ist der Gesamteindruck. Werten Sie die Grasfläche mit schmalen, hohen Arten wie Königskerzen *(Verbascum)*, Lilien *(Lilium)*, Prachtscharte *(Liatris)*, Präriekerzen *(Camassia)*, Steppenkerzen *(Eremurus)* sowie mit Zwiebel- und Knollengewächsen auf.

Links: *Diese Staudenrabatte stellt einen empfehlenswerten Kompromiss zwischen »nur« Blättern oder »nur« Blüten dar, weil viele der blühenden Stauden auch außerhalb der Blütezeit durch attraktives Laub überzeugen.*

Rechts: *Sogenannte Präriebeete erfordern einen gewissen Mut, weil sie – ungewohnt in mitteleuropäischen Gärten – den Gräsern eine dominierende Rolle zuschreiben. Beginnen Sie mit zwei bis drei Gräsern, und erweitern Sie die »Prärie« mit der Zeit, wenn Sie Gefallen an ihr finden.*

Tropische Gefühle

Vor dem neutralen Hintergrund eines kleinblättrigen Bambus entfaltet sich ein Beet mit tropisch-subtropischen Arten. Ihre Herkunft macht es unmöglich, dass sie draußen überwintern. Doch wer den Aufwand nicht scheut, kann sich im Sommer auf einer Liege auf dem Rasen vor dem Beet entspannen und sich in den Süden träumen.

Auswahl der Pflanzen

Alle Arten sind auf einen sonnigen Standort angewiesen, die Buntnessel im Vordergrund des Beets verträgt jedoch auch lichten Baumschatten.
Die intensiv dunkelroten Blätter gehören zum Indischen Blumenrohr. Die tropisch-subtropische Art treibt aus einer Wurzelknolle aus und wird je nach Sorte bis zu 1,5 m hoch. Da sie keinen Frost verträgt, muss man die Knollen im Spätherbst ausgraben und trocken und kühl überwintern. Diese Arbeit kann man sich allerdings ersparen, wenn man die Knollen in einen großen Plastikcontainer pflanzt. Er wird im Herbst aus dem Boden geholt, und die Canna kann eingetopft im Haus überwintern.
Die großblättrige Pflanze im rechten Mittelgrund ist ein Reispapierbaum *(Tetrapanax papyrifer)* aus Südchina. In seiner Heimat wächst er zu einem bis zu 5 m hohen Bäumchen heran, ist in unseren Breiten aber nur bedingt frosthart. Die oberirdischen Teile sterben im Winter ab, doch im Spätfrühling bis Frühsommer treiben die Pflanzen aus dem Wurzelstock wieder aus. In frostgefährdeten Landstrichen bieten sich als Alternative Zierrhabarber oder der einjährige Rizinus an.
Im Vordergrund wachsen Buntnesseln *(Solenostemon)*. Es sind Stauden, die in unserem Klima als Einjährige wachsen. Das Federborstengras *(Pennisetum villosum)* mit den flauschigen Samenständen wächst in den Savannen und Halbwüsten Nordafrikas. Es würde unsere kalten, frostigen Winter nicht überleben und muss im Herbst wie das Blumenrohr als Topfpflanze über-

Pflanzplan

Beetgröße 3 x 3 m

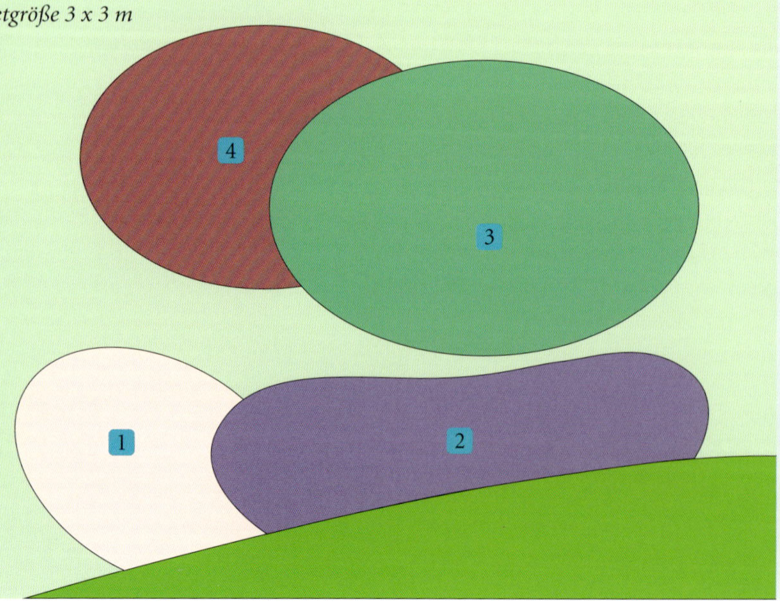

Pflanzliste

1. 2 Federborstengras *(Pennisetum villosum)*
2. 8 Buntnesseln *(Solenostemon)*
3. 1 Reispapierbaum *(Tetrapanax papyrifer)*
4. 6 Indisches Blumenrohr (*Canna* Indica-Hybride)

wintern. Zum Glück gibt es eine Reihe heimischer oder zumindest besser angepasster Gräser, die es vertreten können. Das nahe verwandte Lampenputzergras *(Pennisetum alopecuroides)* ist beispielsweise völlig winterhart.

Gestaltungstipps

Jeder gute Hobbyfotograf weiß, dass eine Diagonale ein Bild lebendiger macht. Dafür sorgt hier die Linie vom Federgrannengras zum Reispapierbaum, die den Blick von unten nach oben lenkt. Der Höhepunkt ist jedoch das Blumenrohr, dessen dichte Blätter eine kompakte Farbfläche bilden. Die Buntnessel nimmt im Vordergrund die dunkelrote Blattfarbe noch einmal auf, und der Reispapierbaum schiebt sich wie eine Barriere zwischen Vorder- und Hintergrund: Rot *(Solenostemon)*, Grün *(Tetrapanax)* und Rot *(Canna)* folgen in Stufen aufeinander. Das Fiedergrannengras, dessen Blütenstängel sich in jeder Brise bewegen, lockert den Vordergrund auf.
Die »positive Unruhe« – durch Blattformen, Höhenstufen und Farben – dieses subtropischen Arrangements wird durch den neutralen Hintergrund aus Bambus etwas abgemildert.

Pflegetipps

Obwohl eine Mulchauflage die Feuchtigkeit im Boden hält, darf die Erde auch an heißen Sommertagen nie austrocknen und muss regelmäßig – aber nicht übermäßig – gegossen werden. Der Reispapierbaum ist für Höhenlagen und Regionen mit bekannt kalten Wintern nicht empfehlenswert. Wer ihn pflanzt, sollte ihn mit einer Wurzelsperre umgeben, sonst wuchert er und kann sich im Lauf der Jahre stark ausbreiten. Schneiden Sie die oberirdischen Teile im Spätherbst ab und decken Sie eine dicke Schicht aus Stroh oder Laubblättern und Mulch darüber.

Minimalismus in Grau-Weiß

Rechts: *Derart großräumige Arrangements aus Blattschmuckpflanzen mögen gewagt erscheinen, doch die ungewöhnliche Zusammenstellung von Arten ergibt faszinierende Gartenaspekte.*

Unten: *»Weniger ist oft mehr«: Das beste Beispiel dafür ist dieser Garten in Schwarz-Weiß. Je kleiner die Gartenfläche, desto gezielter sollten Pflanzen und Accessoires ausgewählt werden.*

Für die französischen Existenzialisten gab es nur eine Farbe – Schwarz. Und auch heute noch gehen viele Menschen nur in Schwarz auf die Straße oder in Gesellschaft. Schwarze Pflanzen gibt es zwar nicht, doch wer dieses Lebensgefühl – Existenzialismus, Einfachheit, Klarheit, reine Formen und Stilsicherheit – in seinem Garten ausdrücken möchte, hat immerhin die Wahl zwischen den Farben Grau und Silbergrau. Die beiden Beispiele auf dieser Doppelseite nähern sich dem Thema ganz unterschiedlich. Während die silberne Blattfarbe im Innenhofgarten nur als sparsamer, sehr gezielter Effekt eingesetzt wird, lebt das Beet von der silberngrünen Grundfarbe.

Beide Gärten sind auf ihre Weise einzigartig und nicht unbedingt eins zu eins in einem typischen Reihenhausgarten umsetzbar. Dennoch lassen sich die dort verwirklichten Gestaltungsprinzipien aufgreifen und in anderen Gärten sinnvoll anwenden.

Konsequent gestylt

In Hofgärten oder Gärten zwischen Mauern wachsen Pflanzen unter sehr geschützten Bedingungen. Sind solche Gärten außerdem sonnig, gedeihen hier häufig Arten südlicher Breiten, die es in einem offenen Garten schwer haben. Der schwarz-weiße Garten (→Abb. links) kommt mit einer relativ kleinen Grundfläche aus, weil er auf alles verzichtet, was vielen Gärtner lieb ist, nämlich auf einen Rasen und eine Hecke. Solche kleine Gärten sind in der Tat nicht leicht zu gestalten. Pflanzt man zu viele und zu unterschiedliche Pflanzen, erscheinen sie chaotisch und vollgestopft, pflanzt man zu wenig, wirken sie leicht verlassen oder im ungünstigsten Fall wie ein Abstellraum.

In diesem Garten herrscht dagegen ein kühl und elegant ausgewogenes Verhältnis zwischen pflanzlichen und nichtpflanzlichen Elementen. Ein hellgrau angestrichener Holzzaun umgibt zwei Flächen mit weißen beziehungsweise schwarzen Platten. Die schwarze Umrandung um die weißen Platten des Sitzplatzes steigert den Kontrast. Zwischen beiden Flächen liegen ein kleiner Kiesgarten und ein Teichbecken. Das Schwarz-Weiß-Motiv setzt sich in den schwarzen Kieseln und den großen, weißen Feldsteinen fort. Schwarz sind auch Tisch und Bänke. Der einzige nichtpflanzliche Farbtupfer sind die roten, in den Zaun eingelassenen Felder, die als rote Tischservietten wiederkehren. Die Bepflanzung ordnet sich diesem Farbschema unter. Die weiße Komponente wird durch mehrere silberblättrige Arten vertreten, während das Schwarz durch Sträucher mit tief dunkelroten Blättern repräsentiert wird. Die abwechslungsreichen Wuchs- und Blattformen – schwertförmige Blätter des Neuseelandhanfs, silbrige Edeldisteln und samtige Polster der Königskerzen – lassen trotz der sparsamen Bepflanzung

keinerlei Langeweile aufkommen. Auf den diagonal verlegten Trittplatten zwischen schwarzer und weißer Fläche wächst kriechender Thymian.
Dieses Grundmuster lässt sich beliebig abwandeln. Holzdecks sind beispielsweise deutlich preiswerter als Natursteine. In Naturfarbe wirkt Holz aber wärmer und würde nicht zum gestylten Bild des Gartens passen. Mit einem hellen oder dunklen, stahlgrauen Anstrich und Sitzmöbeln aus Stahl oder Chrom bliebe die Stimmung jedoch gewahrt. Mit weißen Kieselsteinen erscheint der Mittelteil viel heller – gut für einen schattigen Innenhof. Einige farbige Kacheln am Zaun oder als Belag im Durchgang zwischen den beiden festen Flächen würden ein eher mediterranes Flair zaubern.
Fügt man einige geschickt platzierte Accessoires hinzu, verändert der Garten seinen Charakter vollständig, ohne dass größere Umbauten erforderlich sind: Beispiele sind japanische Steinleuchten oder ein Bambusbrunnen, ostasiatische Figuren, abstrakte Plastiken oder Steinskulpturen.

Schwerter, Polster und Fontänen

In diesem Arrangement unterscheiden sich die Farben der Blätter nur in Nuancen. Dennoch wirkt die Gestaltung nicht monoton, weil die stark kontrastierenden Wuchsformen immer wieder fesseln. Für die nötigen Farbtupfer im Beet sorgen die spießförmigen Blätter der Kaladie *(Caladium)* und die beiden rotblättrigen Berberitzen im Mittelgrund. Bei der Anordnung der Pflanzen wurde besonders auf die Rhythmik geachtet: Die »Schwerter« des Neuseelandhanfs *(Phormium)* – sie bilden einen starken Kontrast zu den samtweichen Blättern im Vordergrund – werden von der großen »Grasfontäne« im Hintergrund aufgenommen. Die roten Elemente sind als Dreieck angeordnet, während sich die Fläche aus silbrig grünen Blättern vor dem dichten, dunkelgrünen Hintergrund bestens abzeichnet.
Ein ähnliches Beet lässt sich mit ganz unterschiedlichen Arten gestalten. Eine flächenhafte Wirkung erreichen Sie mit niedrigen Gräsern oder Polsterstauden. Schwertförmige Blätter steuern, neben dem Neuseelandhanf, auch Schwertlilien *(Iris)*, Gräser (*Imperata cylindrica*, auch als rote Sorte 'Rubra') oder Palmlilien *(Yucca)* bei. Für »Fontänen« sorgt die große Auswahl an hohen Gräsern mit ausladenden Blättern. Rot ist hier ein wirkungsvoller Kontrast, während mit dunkelblau blühenden Stauden ein sehr ruhiges, fast meditatives Beet entstünde.

Mittelmeer pur

Das gesamte Arrangement gruppiert sich um den Terrakottakübel. Er prägt den Charakter dieses sonnigen Beets und gibt ganz beiläufig und doch unverwechselbar das Thema vor: Sträucher und Pflanzen des Mittelmeers.

Auswahl der Pflanzen

Alle ausgewählten Arten brauchen einen Platz in der Sonne mit trockenem, durchlässigem Boden, der ruhig steinig bis sandig sein darf. Sie fühlen sich besonders wohl, wenn sie mittags von der prallen Sonne beschienen werden. Bis auf das Berufkraut wachsen sie wild in den Macchien der mediterranen Landschaften. Rosmarin *(Rosmarinus officinalis)* ist ein immergrüner Strauch, der je nach Standpunkt des Betrachters mehr Gewürz- oder mehr Zierpflanze ist. Hier schlägt das Pendel eindeutig zugunsten des Zierwerts aus. Seine Blütenfarben reichen je nach Sorte von fast Reinweiß bis Purpurblau. In Regionen mit bekannt kalten Wintern kann er erfrieren. Die große Palisaden-Wolfsmilch *(Euphorbia characias)* im Hintergrund ist ein Halbstrauch, dessen Triebe nur im unteren Bereich verholzen. Er ist ebenfalls nicht völlig winterhart, hält in geschützten Lagen aber Temperaturen bis -15 °C aus. Als besonders winterhart gelten die Sorten 'Forescate' und 'Sibthorpii'. Wie bei allen Wolfsmilchgewächsen ist die eigentliche Blüte unscheinbar, sichtbar sind nur die gelbgrünen Hochblätter unter der Blüte. Die Schwarznessel *(Ballota acetabulosa)* wächst als Halbstrauch in Griechenland auf trockenen Schotterflächen. Bei uns ist sie nicht winterhart. Auch der Schopf-Lavendel *(Lavandula stoechas)* ist nur am Mittelmeer mehrjährig. Bei uns muss er wie eine Einjährige gepflanzt werden. Er fügt sich mit Blatt- und Wuchsform gut in das Ensemble ein, sorgt aber dank seiner Blütezeit von Mai bis September für dauerhafte Farbtupfer. Wer winterharte Pflanzen wünscht, die einen ähnlichen Eindruck vermitteln, wählt Pfingstnelken

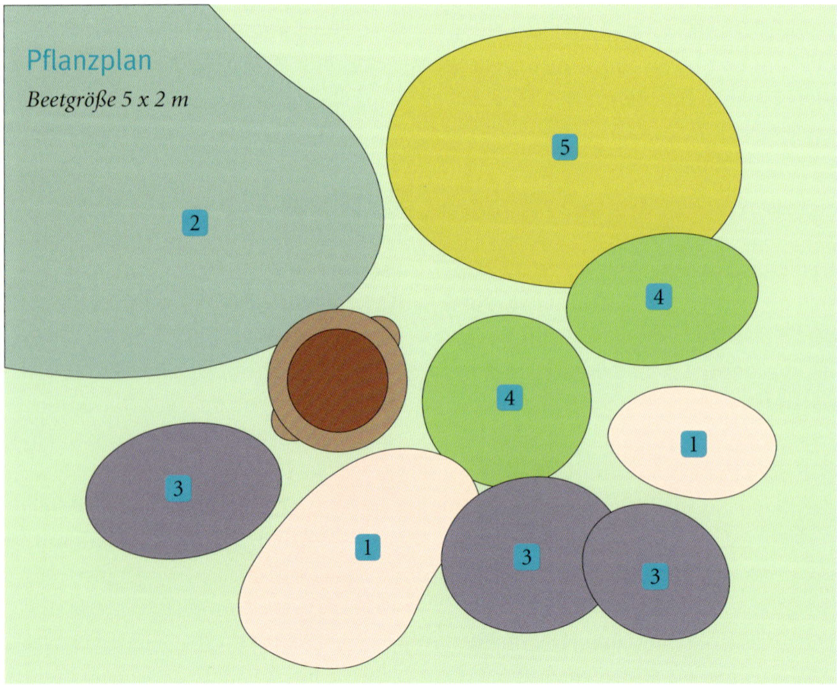

Pflanzliste

1 4 Karwinskis Berufkraut *(Erigeron karvinskianus)*
2 2 Rosmarin *(Rosmarinus officinalis)*
3 4 Schopf-Lavendel *(Lavandula stoechas)*
4 3 Schwarznessel *(Ballota acetabulosa)*
5 2 Palisaden-Wolfsmilch *(Euphorbia characias)*

(Dianthus gratianopolitanus), Heidenelken *(D. deltoides)* oder Grasnelken (*Armeria*-Arten). Der einzige »Fremdling« der Gruppe ist das ebenfalls nicht winterharte Karvinskis Berufkraut *(Erigeron karvinskianus)* aus Mittelamerika. Es fügt sich allerdings mit seinen Ansprüchen und dem Aussehen bestens ein.

Gestaltungstipps

Wie sähe dieses Beet aus, wenn der Terrakottakübel fehlen würde? Es wäre etwas langweilig. Dies zeigt, dass ein einziges markantes Objekt alles verändern kann. Der Krug ist nicht nur ein sanft erdfarbener Farbakzent, sondern versetzt den Betrachter in mediterrane Urlaubsstimmung. Gerade ein Blattschmuckgarten braucht solche Blickpunkte, um die Stimmung zu prägen und die Pflanzen optimal ins Licht zu rücken. Statt ein Sammelsurium beliebiger Objekte ist ein einziges, gut sichtbar platziertes Element die bessere Wahl: Eine Urne, Sonnenuhr, Kugel oder moderne Plastik reichen aus, um den Charakter des Gartens zu prägen. Die Begleitpflanzen neben dem zentralen Blickpunkt sind beinahe beliebig austauschbar, solange Sie wie hier auf Kontraste durch lockeren, natürlichen Wuchs und Formschnitt achten.

Pflegetipps

Wenn Sie es riskieren, die Arten im Freiland zu überwintern, sollten Sie dem Boden reichlich feinen Kies und Sand beimischen, denn feuchte oder staunasse Böden sind der Tod dieser Arten. Decken Sie im Spätherbst den unteren Bereich der Halbsträucher mit Zweigen und Reisig ab – die Wintersonne ist gefährlicher als die Fröste. Im Sommer muss man nur bei extremer Trockenheit gießen. Eine sehr sparsame Versorgung mit organischem Langzeitdünger reicht. Sie können aber auch ganz auf Dünger verzichten.

Blätter im Gemüse- und Kräutergarten

Obwohl im Gemüsegarten die Produktivität eindeutig im Vordergrund steht, lassen sich die gewünschten Gemüse und Kräuter in geometrisch ansprechenden Mustern und hübschen Farbkombinationen anordnen. Damit werden aus nüchternen Reihen mit Salat- und Kohlköpfen abwechslungsreiche Mosaike aus Blattschmuckpflanzen.
Aber auch Kombinationen aus Nutz- und Zierpflanzen ergeben ungewöhnliche Beetkompositionen. Je nach den Anteilen der Zierpflanzen entstehen Blumenbeete, in denen Gemüse und Salat interessante Farb- und Formkontraste beisteuern, oder Gemüsebeete mit blumigen Blickpunkten.

Linien und Flächen

Kohlgemüse und Salate haben für die Gestaltung einen wesentlichen Vorteil: Alle Exemplare einer Sorte sehen gleich aus und wachsen gleich schnell. Als dichte Gruppe gepflanzt oder gesät, bilden sie kompakte Farbflächen. In einer Reihe gesät oder gepflanzt, entstehen dagegen ausgeprägte Linien.
Die einfachste Lösung sind regelmäßige Formen – Quadrate, Rechtecke, Rauten, Dreiecke – aus einer Gemüse- oder Sa–latsorte, die durch Linien in einer Kontrastfarbe getrennt werden. Die Linien müssen nicht unbedingt aus Nutzpflanzen bestehen. Hübsch wirken einjährige Sommerblumen oder Pflanzen, die Gemüse vor Schädlingen schützen.
Das Beet bekommt einen beschwingteren Charakter, wenn die Gemüse, Salate

Links: *Solche durch Blumenreihen begrenzte Schachbrettfelder mit einheitlicher Füllung entfalten ihre Wirkung nur auf großer Fläche. In kleinen Gärten wäre der Eindruck verwirrend; dort sehen Blumen als Inseln oder als Außenbegrenzung hübscher aus.*

Rechts: *Der Farbwechsel verwandelt langweilige Reihen aus Salat in ein Spiel mit Farben und Formen. Planen Sie ab und zu eine höhere Pflanze ein, um zu strenge Symmetrien zu brechen.*

einfach gärtnern

Aus der freien Kombination von einjährigen Sommerblumen (Ringelblume, Kosmee, Lobelie, Studentenblume, Kapuzinerkresse u. a.) oder einfachen Blumenstauden mit eher streng wirkenden Gemüsen und Salaten resultiert eine Vielfalt von Möglichkeiten. Vielleicht ist die Wirkung nicht immer so vorhersagbar wie bei streng geplanten Mustern, aber überraschende Ergebnisse machen für mich den Reiz des Gärtnerlebens aus!

Links: *In diesem Beet kommt es nicht mehr auf die Ernte an. Die Gemüsepflanzen stehen völlig gleichberechtigt neben den Zierpflanzen.*

Rechts: *In kleinen, gemischten Gemüsebeeten sind die Begrenzungen fast so wichtig wie die Pflanzen. In diesem Beispiel geben schmale Holzbohlen den Pflanzen einen würdigen Rahmen, dienen als Ruhepole und erleichtern die Ernte.*

oder Kräuter einander kreisförmig oder oval, sich überlappend, gebogen oder in unregelmäßigen Formen durchdringen. Um Enttäuschungen und Pannen vorzubeugen, sollten Sie die Formen auf dem Papier entwerfen und mit Sand auf dem Beet ausstreuen. In die so gekennzeichneten Flächen säen Sie die Gemüse oder setzen Jungpflänzchen ein. Unregelmäßige Mosaike wirken besser, wenn die Farbflächen direkt – ohne ausgeprägte Grenzlinien – aufeinandertreffen. Das Beispiel auf Seite 62 rechts zeigt einen völlig anderen Ansatz. Hier wurden die Salate wie »Schraffuren« auf einer Zeichnung eingesetzt. Die in Reihen stehenden Sorten erzeugen ein bewegtes, farbiges Bild. Setzen Sie ein solches Muster aber nur in Maßen, etwa in Beetecken oder auf kleinen Beeten ein, auf größeren Flächen erscheint es zu unruhig.

Ein leckeres Durcheinander

In kleineren Gärten ist selten Platz für einen eigenständigen Gemüsegarten. Hier bewährt sich eine Mischkultur aus Blatt- und Blütenstauden mit Gemüse und Salaten. Im einfachsten Fall können das Studentenblumen *(Tagetes)* zwischen Salaten im Hochbeet sein. Das sieht gut aus und ist praktisch, weil Tagetes Wurzelälchen von Nutzpflanzen fernhalten. Weitaus spannender wirken Gemüse wie bunt- und rotstieliger Mangold oder Salate in allen möglichen Farben und Formen zwischen den Blumen oder Blattschmuckstauden eines Zierbeets. In solchen Arrangements kommt es nicht unbedingt auf geometrische Formen oder Linien an, viel wichtiger ist die Wirkung der ineinandergreifenden Farben und Formen (→ Tipp).

Aus dem Garten in die Küche

Dieser Mustergarten demonstriert aufs Beste, wie attraktiv die Blätter von Gemüsen sein können. Obwohl er ganz auf den Anbau von gesunden, leckeren Nahrungsmitteln hin konzipiert wurde, werden die Gemüse- und Salatpflanzen wie Schmuckstücke präsentiert.

Auswahl der Pflanzen

In den flachen Hochbeeten wächst eine bunte Reihe von Salaten und Gemüse. Rot- und Weißkohl brauchen zum Aufbau ihrer Blattmasse den nährstoffreichsten Boden im Gemüsegarten sowie viel Wasser. In diesem Garten ist genügend Platz, doch in kleineren Gärten würde ich auf den Kohl verzichten oder ihn durch den schmaleren Spitzkohl ersetzen. Die Möhren, die hier in zwei Beetabschnitten wachsen, brauchen einen weniger nährstoffreichen, lockeren Boden mit hohem Kompostanteil, damit sich ihre Wurzeln gut entwickeln. Ihr filigranes Laub lockert die kompakteren Blätter der Kohlköpfe auf.
Schnittlauch und Porree brauchen etwa denselben Boden wie die Möhren, sind aber nicht ganz so anspruchsvoll. Beide sind sehr robust und können im Winter draußen bleiben – Porree ist ein typisches Wintergemüse.
Der rote Kopfsalat – er ist in vielen Sorten erhältlich – wächst am besten auf nährstoffreichen Böden. Man kann ihn durch Pflücksalate ersetzen, die nicht als Kopf, sondern nach Bedarf Blatt für Blatt geerntet werden.
Erbsen und andere Hülsenfrüchte verbessern den Boden. In ihren Wurzeln leben Bakterien, die den Stickstoff der Luft in organischen Stickstoffdünger verwandeln. Erbsen gedeihen besser, wenn sie über eine Unterlage klettern dürfen. Dazu reicht ein Stangengerüst, trockene Zweige oder ein Standort am Zaun.
Der Palmkohl 'Nero di Toscana' stammt aus Südeuropa und verträgt weder Spätfröste noch kalte Winter.

Pflanzplan

Beetgröße 2,5 x 4 m

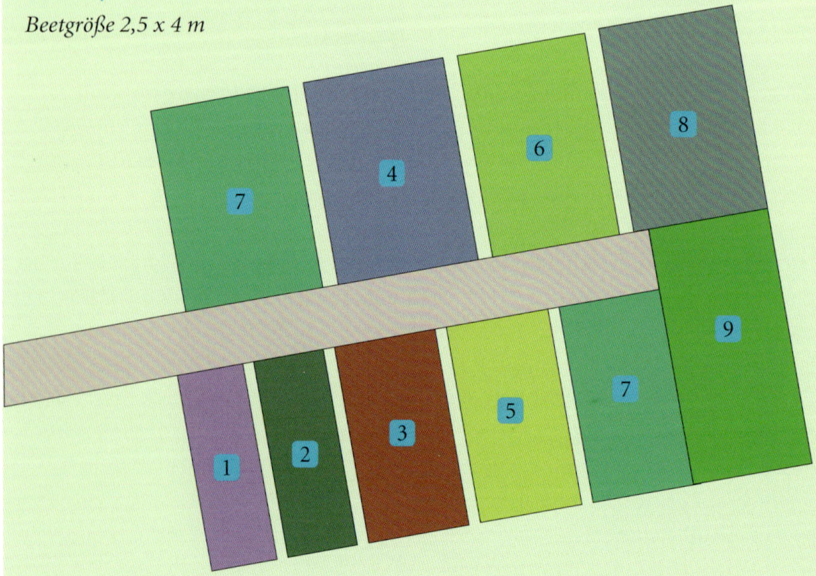

Pflanzliste

1. 10 Schnittlauch *(Allium schoenoprasum)*
2. 15 Porree *(Allium porrum)*
3. 15 roter Kopfsalat (*Lactuca sativa* var. *capitata*)
4. 10 Rotkohl (*Brassica oleracea* var. *capitata*)
5. 10 Weißkohl (*Brassica oleracea* var. *capitata*)
6. 6 Erbsen *(Pisum sativum)*
7. 20 Möhren *(Daucus carota)*
8. 8 Palmkohl (*Brassica oleracea* var. *palmifolia* 'Nero di Toscana')
9. 8 Mangold (*Beta vulgaris* ssp. *cicla*)

Man erntet die einzelnen Blätter jeweils nach Bedarf.
Mangold in allen Spielarten ist das Gemüse, das sich am besten auch für das Zierbeet eignet. Er wird als Ganzes oder blattweise geerntet.

Gestaltungstipps

Bei Gemüsegärten auf kleiner Fläche haben sich schon seit dem Mittelalter kleine, abgeschlossene Beeteinheiten bewährt. Die einfachen Hochbeete in diesem Bespiel werden von rohen Brettern begrenzt, doch einem kreativen Gärtner bieten sich als Beetabschluss fast unbegrenzte Möglichkeiten: Palisaden, Balkenlagen, Flechtzäune, durch kleine Säulen betonte Ecken, modernistische Stahlkanten und anderes mehr. Hochbeete sind aber nicht nur attraktiv, sondern auch praktisch. Sie können die beste Erde einfüllen, kommen leicht an die Pflanzen heran, und bei genügend breiten Wegen und angemessener Höhe sind Hochbeete sogar rollstuhlgerecht. Gestalten Sie die Wege zwischen den Beeten stabil (für die Schubkarre) und dennoch attraktiv. Natursteinplatten oder Kies auf verfestigter Unterlage sehen gut aus und sind widerstandsfähig.

Pflegetipps

Da die Erde in die Hochbeete eingefüllt wird, sind Sie nicht von der Qualität ihres Gartenbodens abhängig. Befolgen Sie beim Bepflanzen die Regeln der Fruchtfolge: Auf Hülsenfrüchte (Erbsen, Bohnen), die den Boden mit Nährstoffen anreichern, folgen Kohlsorten, und auf diese Arten, die etwas weniger Nährstoffe verbrauchen. In der Fachliteratur finden Sie Informationen über günstige Fruchtfolgen und Mischkulturen, die für gute Ernten sorgen und dem Schädlingsbefall vorbeugen. So wehren beispielsweise Küchenzwiebeln und Porree die Möhrenfliege ab.

Blattschmuckgärten pflegen

Gute Startbedingungen und etwas Pflege sind der Schlüssel zum Erfolg: So können die Blattschönheiten ihr Potenzial entfalten und laufen Jahr für Jahr zu Höchstform auf.

Die Grundlagen

Stimmen die Standortbedingungen, werden aus Blattschmuckpflanzen wahre Schönheiten. Außerdem reduziert sich der Pflegeaufwand, und die Pflanzen bleiben gesund.

Rechts: *Wer denkt hier nicht an Dschungel? Subtropische und mediterrane Pflanzen wachsen allerdings nur in Regionen mit Weinbauklima und in geschützter Lage – alle anderen Gärtner müssen sich mit Kübelpflanzen behelfen.*

Unten: *Die »Fächer« der Keulenlilie harmonieren bestens mit den senkrecht aufstrebenden, trockenen Grashalmen.*

Die wichtigsten Standortfaktoren in einem Garten sind Bodentyp, Lichtmenge und die Orientierung in Bezug auf die Himmelsrichtung. Pflanzen sind in den Gartencentern als Sonnen-, Halbschatten- oder Schattenpflanzen gekennzeichnet. Diese Einteilung ist eine gute Richtschnur für die Auswahl, erfasst aber nicht alle Feinheiten. Betrachten Sie Ihren Garten ruhig einmal über mehrere Tage. Markieren Sie mit Bambusstöcken oder in einem Plan, welche Stellen dauernd und welche zeitweilig in der Sonne liegen, vor allem jedoch die Bereiche, die nie direkter Sonne ausgesetzt sind. Eine Sonnenpflanze wächst optimal an Stellen, die den ganzen Tag beschienen werden. Frühmorgens oder am Spätnachmittag darf es dann etwas weniger sein. An einem Südhang oder vor einer Mauer, die das Licht reflektiert, kann die pralle Sonne im Hochsommer jedoch so heiß werden, dass sich nur noch Mittelmeerpflanzen heimisch fühlen. Hier muss man auch Sonnenpflanzen regelmäßig gießen.Trifft die Sonne im Tageslauf eine Gartenfläche einige Stunden lang nicht – im Haus- oder dichten Baumschatten –, herrscht dort Halbschatten. Wird der Schatten dagegen von einem lockeren Baum geworfen, spricht man von »lichtem« Schatten. An solchen Plätzen gedeihen auch viele Sonnenpflanzen – wagen Sie einen Versuch. An Stellen, an denen sich die Sonne allenfalls für kurze Zeit sehen lässt, pflanzt man besser nur reine Schattenpflanzen.

Die Himmelsrichtung

Die Lage eines Beets zur Himmelsrichtung hat nicht nur Auswirkungen auf das Licht. In unseren Breiten weht der Wind meist aus Westen. In einem offenen Grundstück ist die Westseite daher gelegentlich kräftigen Böen ausgesetzt – hier schützt eine windbrechende Hecke sensible Pflanzen vor Kälte und Windbruch. Andererseits bringen Westwinde Regen. An der Westseite muss der Boden deshalb seltener gegossen werden als etwa im Regenschatten hinter einer Mauer.
Im Frühling werden Boden und Pflanzen direkt vor einer nach Süden weisenden Mauer stärker erwärmt als freie Flächen. Knospen öffnen sich rascher, Stauden und Zwiebeln treiben früher aus. Der Nachteil: Bei Nachtfrösten erfrieren Pflanzen hier leichter. Breiten Sie also, wenn Frost droht, ein Kälteschutzvlies über den Pflanzen aus.

Ein Beet anlegen und bepflanzen

Gehen Sie beim Anlegen der Beete und Rabatten sorgfältig vor: Fehler, die man jetzt macht, lassen sich später nur mit Mühe beheben.
Am besten legen Sie zunächst den Umriss des Beets fest. Streuen Sie dazu eine Sandlinie auf den Boden oder spannen Sie eine Schnur zwischen kleine Pflöcke. Geschwungene, gebogene Formen lassen sich sehr gut mit einem etwas dickeren Seil auslegen, das erst fixiert wird, wenn die Form stimmt.
Wollen Sie ein Beet auf einer Rasenfläche anlegen, müssen Sie zunächst die obere Bodenschicht mitsamt den Grassoden abtragen. Stechen Sie dazu mit dem Spaten auf 50–100 cm Länge eine etwa 15–20 cm tiefe Grenzlinie in den Boden und hebeln Sie die ersten Grassoden aus. Sobald eine Fläche vom Gras befreit ist, geht es leichter, weil Sie dann von der Seite mit dem Spaten unter die Grasnarbe stechen können. Die zerkleinerten Grassoden kommen mit der Grasseite nach unten in einfachen Lagen auf den Kompost, getrennt durch Schichten aus anderem organischem Material.
Unter Gras ist der Boden üblicherweise stark verdichtet. Sie sollten ihn deshalb unbedingt umgraben und dabei mit Kompost anreichern. Auch wenn das Beet auf einem Neubaugrundstück angelegt wird, empfehle ich, den Boden umzugraben und mit einer Hacke oder dem Grubber auf Unkrautwurzeln zu untersuchen. Entfernen Sie diese mit der Hand. Sofern es technisch möglich ist, sollte die Beetfläche schon während des Hausbaus mit schwarzer Folie abgedeckt werden, um Wurzelunkräutern das Licht zu nehmen.

Die beste Pflanzzeit

Da fast alle Stauden und die meisten Gehölze von den Gärtnereien und Gartencentern als Containerpflanzen angeboten werden, können Sie sie prinzipiell das ganze Jahr über einpflanzen. Dennoch empfehle ich den Spätfrühling bis Frühsommer als Pflanzzeit. Die Stauden haben dann eine gesamte Vegetationsperiode lang Zeit, gut anzuwachsen. Solche Pflanzen überstehen den Winter im Allgemeinen besser. Das gilt auch für die meisten Gehölze im Container.

Die Pflanzen vorbereiten und richtig einsetzen

Der Zeitraum zwischen dem Einkauf und dem Einpflanzen sollte so kurz wie möglich sein. Wenn Sie die Pflanzen aber nicht gleich in den Garten einsetzen können, stellen Sie sie am besten an einen geschützten schattigen Platz. Dauert die Zeit bis zum Einpflanzen länger als ein bis zwei Tage, dürfen Sie nicht vergessen, die Container zu gießen.
Vor dem Bepflanzung stellen Sie die Töpfe dann in einen Eimer mit Wasser, damit sich der Wurzelballen voll Wasser saugen kann. Für Stauden reichen 10–20 Minuten, Gehölze im Container sollten dagegen 1–2 Stunden ins Tauchbad. Gehölze mit nackten Wurzeln stel-

1 *Ist der Boden vorbereitet und die Oberfläche geglättet, werden die ausgewählten Pflanzen – nach dem vorher erstellten Plan – in ihren Containern auf das Beet gestellt. Noch können Verteilung oder Abstände korrigiert werden.*

2 *Nach dem Wässern klopft man die Wurzelballen aus den Containern und setzt die Pflanzen in die Pflanzlöcher. Füllen Sie die Löcher mit einer Mischung aus Kompost und Erde auf und drücken Sie die Pflanze vorsichtig fest.*

3 *Nach dem Einpflanzen gezielt und kräftig gießen, ohne dass die Blätter nass werden. Bei leicht abschüssigem Gelände empfiehlt sich ein niedriger Erdwall, damit das Wasser nicht sofort wieder abfließt. In den ersten Tagen häufiger gießen.*

Links: *Der Lohn guter Planung: Wurden die Blattschmuckpflanzen sorgfältig ausgewählt und gepflanzt, entwickelt sich in wenigen Jahren ein Garten, der von Jahr zu Jahr immer bezaubernder wird.*

len Sie am besten über Nacht ins Wasser. Nun verteilen Sie die einzelnen Container mit den Pflanzen nach Ihrem Pflanzplan auf das Beet. Überprüfen Sie nochmals die Abstände: Sie sollten die Pflanzen so einsetzen, dass der Abstand auch dann noch groß genug ist, wenn die Pflanzen ihre Endgröße erreicht haben. Die Lücken können Sie mit früh blühenden Zwiebel- und Knollenpflanzen füllen. Sie werden im Herbst mit einem Zwiebelpflanzer in den Boden versenkt.

Sehr große Beete bepflanzt man von innen nach außen, Beete vor Wänden oder Zäunen von hinten nach vorn und schmale Beete von einer Seite her.

Heben Sie nun ausreichend große Pflanzlöcher aus. Die Pflanze sollte darin in derselben Tiefe wie im Container stehen und rundum genügend Platz für die Wurzeln haben. Lockern Sie den Boden des Pflanzlochs und die Ränder mit einem Handgrubber auf und vermischen Sie den Aushub mit ein wenig Kompost. Nun lösen Sie die Pflanze vorsichtig aus dem Container und lockern den Wurzelballen mit den Fingern, damit die Wurzeln besser ins Erdreich wachsen können. Setzen Sie die Pflanze in das Loch und füllen Sie es mit dem Aushub. Drücken Sie anschließend die Erde fest und gießen Sie die Pflanzen gründlich an.

Gehen Sie zum Abschluss nochmals mit dem Grubber über die Beetfläche, um die Trittspuren zu beseitigen.

Bis die neuen Pflanzen gut angewachsen sind, sollten Sie sie etwas häufiger gießen, danach nur noch bei Bedarf.

Der Kampf gegen das Unkraut

Regelmäßiges Unkrautjäten ist weit mehr als ästhetische Kosmetik. Denn unerwünschte Wildkräuter entziehen dem Boden Nährstoffe, die eigentlich den Blattschmuckpflanzen zugutekommen sollten. Rücken Sie dem Unkraut möglichst früh zu Leibe, damit es keine Chance hat, sich im Beet festzusetzen. Sie können es den ungebetenen Pflanzengästen auch etwas schwerer machen, sich im Garten auszubreiten. Zum einen hilft eine Mulchschicht, die Unkraut nicht aufkommen lässt (→ Seite 74). Zum anderen können Sie auch ein sogenanntes Unkrautvlies auslegen. Dabei handelt es sich um eine wasserdurchlässige Folie, die mehrjährige Unkräuter unterdrückt, die Lichtkeimer unter den Unkrautsamen hemmt und – ein angenehmer Nebeneffekt – Bodenfeuchte und -wärme zurückhält. Man breitet das Vlies vor dem Bepflanzen auf dem Beet aus, schlitzt es an den Pflanzstellen kreuzförmig ein und klappt die entstandenen Dreiecke zurück. Bepflanzt wird wie oben geschildert, danach klappt man die Dreiecke zurück und schneidet die Öffnung für die Pflanze zurecht.

Links: *Mit solchen Mehrzweckwerkzeugen lässt sich der Boden lockern und das Unkraut hacken.*

Unten: *Befüllen Sie den Kompostkasten stets abwechselnd mit grobem Material wie zerschnittenen Zweigen und feinen Bestandteilen wie Blättern. Auch Gartenerde gehört auf den Kompost.*

Kleines Pflege-Einmaleins

Wie in jedem Garten müssen auch im Blattschmuckgarten einige Aufgaben regelmäßig erledigt werden, andere nur zu bestimmten Terminen (→ Seite 74). An allererster Stelle für ein gutes Gelingen steht die Bodenpflege – denn auch Blattschmuckpflanzen gedeihen nur auf einem guten Boden.

Den Boden prüfen

Obwohl der Bodentyp durch das im Untergrund vorherrschende Gestein und seine Verwitterungsprodukte vorgegeben ist, kann man die oberste Bodenschicht in gewissem Rahmen so beeinflussen, dass sich die Pflanzen besser entwickeln.
Auf neuen Gartengrundstücken empfiehlt sich ein professionelles Bodengutachten. Der Aufwand und die Kosten lohnen sich: Sie bekommen fundierte Auskunft darüber, wie gut der Boden ist, welche Mineralien er enthält und mit welchem Dünger und wie viel Sie düngen sollten. Wem ein solches Gutachten zu teuer ist, der sollte zumindest

ein Bodentest-Set aus dem Gartencenter kaufen, um den pH-Wert und die wichtigsten Mineralien selbst zu bestimmen. Wichtige Informationen über den Ton- und Sandgehalt und damit die Bodenqualität liefert auch dieser einfache Test: Graben Sie dazu aus 15–20 cm Tiefe eine Handvoll Erde aus, geben Sie etwas Wasser dazu und mischen Sie alles, bis sich die Masse wie Teig anfühlt. Zerfällt der Boden beim Kneten sofort wieder und spüren Sie beim Reiben Sandkörner, haben Sie leichten, sandigen Boden. Lässt sich der Teig dagegen zu stabilen Kugeln rollen, ist der Tonanteil hoch und der Boden schwer. In beiden Fällen sollten Sie den Boden mit entsprechenden Maßnahmen verbessern. Alles, was dazwischenliegt – es lassen sich zwar Kugeln formen, diese zerfallen aber leicht wieder –, entspricht einem guten, lehmigen Gartenboden.

Unten: *Eine gleichmäßige, jährlich erneuerte Mulchschicht sieht nicht nur gut aus, sondern hält die Feuchtigkeit im Boden und hemmt den Unkrautwuchs. Mulch verwandelt sich letztlich in Humus.*

Den Boden vorbereiten

Bei extrem tonhaltigen Böden sollten Sie Dränageröhren einbauen. Sie sorgen dafür, dass das Wasser im Boden abfließt und keine Staunässe entsteht, die Wurzeln faulen lässt. Sie verhindern auch, dass der Boden bei Hitze und Trockenheit hart wird. Eine solche Dränage können Sie vom Fachmann einbauen lassen oder – wenn Sie geschickt sind –, selbst installieren: Dazu verlegen Sie Dränagerohre in etwa 50 cm Tiefe mit leichtem Gefälle. Betten Sie die Rohre in eine Kiesschicht, damit sie nicht von Erdpartikeln verstopft werden.

Den Boden verbessern

Wenn der Bodentest ergeben hat, dass Ihr Gartenboden stark tonhaltig oder sehr sandig ist, sollten Sie ihn unbedingt vor dem Bepflanzen aufbereiten.
Mischen Sie einem tonhaltigen Boden Gartenkompost und Sand zu etwa gleichen Teilen bei, damit der Boden durchlässiger wird. Die Kompostbeimischung fördert auch die Fruchtbarkeit lehmiger Böden.
In sandigen Böden muss der Kompostanteil stark erhöht werden – je nach Sandgehalt gibt man bis zu zwei Teile Kompost auf einen Teil Sand bei –, damit der Boden mehr Wasser und Nährstoffe speichern kann. Je gründlicher Sie Kompost bzw. Sand einarbeiten, desto besser werden die Pflanzen wachsen.

Der richtige Dünger

Versuchen Sie, im Blattschmuckgarten möglichst ohne mineralische Dünger auszukommen – sie sind nicht nötig und belasten die Umwelt nur unnötig. Besser sind organische Langzeitdünger wie Knochenmehl, Hornspäne oder pulverisierter Mist (Fachhandel). Sie geben ihre Nährstoffe langsam an den Boden

einfach gärtnern

Der pH-Wert gibt an, ob ein Boden sauer oder basisch ist. Bei einem Wert von pH 6,5–7 ist der Boden neutral. Je niedriger der pH-Wert ist, desto saurer und kalkärmer ist er, je höher, desto basischer und kalkhaltiger. Im Bereich zwischen pH 6 und 8 fühlen sich die meisten Gartenpflanzen wohl. Auf Böden unter pH 6 und über pH 8 wachsen nur noch besonders angepasste Pflanzen, beispielsweise die Besenheide auf sauren Böden oder die Pfingstnelke auf basischen Böden.

ab und sind deshalb verträglicher. Arbeiten Sie den Dünger gründlich in den Boden ein, wenn Sie den Mulch unterharken.
Wenn Sie Kontakt zu Pferde- oder Bauernhöfen haben, können Sie sich dort vielleicht mit Stroh vermischten Mist besorgen. Er ist ein hervorragender Dünger. Allerdings müssen Sie ihn zunächst zwei bis drei Monate in wechselnden Schichten mit Gartenerde und Pflanzenmaterial kompostieren, bevor Sie ihn in den Boden einarbeiten.

Mulch tut den Pflanzen gut

Nach dem Pflanzen brauchen Sie nur noch die Bodenoberfläche zu pflegen. Die wichtigste Maßnahme ist das regelmäßige Mulchen. Eine Mulchschicht, die etwa eine Handbreit dick ist, reicht aus und hat viele positive Wirkungen: Sie unterdrückt im Licht keimende, einjährige Unkräuter, hält die Feuchtigkeit in der Erde zurück und verrottet an der Unterseite wie Kompost. Damit Sie immer genug Mulchmaterial haben, sollten Sie einen Komposthaufen anlegen und sorgfältig pflegen.
In einem Strauchbeet und zwischen Heckenpflanzen sieht Rindenmulch gut aus. Es lohnt sich, etwas mehr Geld für ein Qualitätsprodukt anzulegen. Alternativ können Sie auch geschredderte Astreste verwenden, die sie zuvor gut antrocknen lassen. Vorsicht vor allzu preiswerten Produkten: Sie enthalten oft große Stücke von Nadelholzrinde, die nur extrem langsam verrotten.
Im Staudenbeet ist selbst hergestellter Mulch aus zwei bis drei Monate lang kompostierten Gartenresten die beste Wahl: Halb verrottetes, organisches Material enthält noch grobe Bestandteile, die von Regenwürmern in den Boden gezogen werden und als Nahrung für Bodenorganismen dienen. Sie lockern den Boden auf und reichern ihn im Lauf der Jahre immer stärker mit organischen Bestandteilen an. Arbeiten Sie im zeitigen Frühjahr den alten Mulch mit einem Grubber, Sauzahn oder Kultivator in den Boden ein und verteilen Sie eine neue Schicht auf den Beeten.
Im Sommer dürfen Sie ruhig noch angetrockneten Grasschnitt dünn darüberstreuen.

Pflege rund ums Jahr

Geben Sie im Frühling den Blattschmuckbeeten etwas Starthilfe. Der alte Mulch wird – mit Kompost vermischt – in den Boden eingearbeitet. Entfernen Sie die Reste abgestorbener Blätter und Stängel. Auch die Vorjahrestriebe von Gräsern und Stauden, die aus optischen Gründen im Winter stehen bleiben durften, schneiden Sie nun ab. Alle Beete bekommen eine sparsame Grunddüngung mit organischem Langzeitdünger und Steinmehl. Letzteres verbessert die Bodenstruktur, unterstützt die Arbeit der Mikroorganismen im Boden und gibt Spurenelemente ab. Mischen Sie Dünger und Steinmehl unter den Kompost, dann lässt sich alles in einem Gang erledigen. Zum Schluss breiten Sie eine neue Mulchschicht auf den Beeten aus. Sobald sich die ersten Pflanzentriebe zeigen, tauchen auch Nacktschnecken

Im Frühling oder auch im Spätherbst werden die vertrockneten Stängel aus der vergangenen Vegetationsperiode mit einer scharfen Gartenschere vorsichtig entfernt. Im Frühjahr sollten Sie darauf achten, die frischen Austriebe nicht zu beschädigen.

Organischer Langzeitdünger wird im Frühling verteilt und vorsichtig mit einem Grubber oder Handgrubber in den Boden eingearbeitet. Manche blühenden Arten sind für eine zusätzliche Düngergabe vor der Blühperiode dankbar.

Graben Sie im Herbst die Pflanzen aus, die geteilt werden sollen. Brechen Sie den Wurzelstock mit den Händen auseinander, bei stark verholzten Wurzeln nehmen Sie ein Gartenmesser oder einen Spaten. Danach sofort wieder einpflanzen.

auf. In dieser Phase sind die Pflanzen noch sehr anfällig. Stülpen Sie deshalb am Spätnachmittag Einweckgläser oder unten abgeschnittene Plastikflaschen über die Jungstauden und drehen Sie sie leicht in die Erde ein: So haben Schnecken keine Chance. Haben sich die Pflanzen gut entwickelt, können Sie auf die »Schutzschilde« wieder verzichten. Im Frühling ist die Gefahr von Nachtfrost noch recht hoch. Wer sichergehen will, legt ein Gartenvlies bereit, das über das Beet gebreitet wird, wenn Frost droht.

Sommer: gießen und pflegen

Die wichtigsten Aufgaben im Sommer sind Gießen und Unkrautjäten. Beim Gießen gibt es nur wenige allgemeine Regeln. Meist reicht es, nur in langen Trockenphasen zu gießen. Eine Ausnahme sind besonders durstige Stauden wie Funkien oder Frauenmantel.
Gießen Sie besser selten, aber dafür reichlich, damit der Boden tiefgründig durchfeuchtet wird. Gießt man oft und wenig, bilden Stauden flache Wurzeln, die tiefe, feuchte Bodenschichten nicht anzapfen können. Gießen Sie stets den Boden und nicht die Blätter, um die Gefahr von Pilzbefall zu senken. Die beste Zeit ist der sehr frühe Morgen, dann dringt das Wasser bis Mittag in den Boden ein. Fehlt morgens die Zeit, können Sie auch abends gießen, doch die feuchte Atmosphäre der Nacht fördert Pilze und Schnecken.
Sonst brauchen Sie im Sommer nur vertrocknete, kranke oder verblühte Triebe abzuschneiden.

Herbst: Vorsorge für den Winter

Im Spätsommer, Herbst oder zeitigen Frühjahr werden Stauden geteilt, die zu alt geworden und nicht mehr wüchsig sind. Dazu hebt man mit einer Grabegabel den Wurzelstock aus und trennt mit der Hand oder einem Gartenmesser Teilstücke mit Trieben und gut entwickelten Wurzeln ab. Sie werden gleich wieder eingepflanzt. Nicht verwendete Stücke entsorgt man auf dem Kompost. Exotische Kübelpflanzen bringen Sie vor den ersten Nachtfrösten in ihr Winterquartier. Empfindliche Stauden bekommen einen Winterschutz aus Mulch, Stroh oder Zweigen. Große Ziergräser wie Pampasgras bindet man zusammen. Die Blätter schützen die Wachstumszone vor Frost (→ Abb. links).
Rechen Sie die Blätter unter den Laubgehölzen zusammen; sie bleiben als Mulch unter den Bäumen und Sträuchern liegen. Das Laub bildet einen guten Wärmeschutz und verwandelt sich letztlich in Humus.
Stauden und Gräser mit hübschen Samenständen lässt man im Beet stehen. Sie sehen im winterlichen Raureif einfach großartig aus. Alle anderen schneidet man bis kurz über den Boden ab.

Gehölzschnitt hält in Form

Bis auf Schnitthecken könnte man theoretisch alle Gehölze sich selbst überlassen. Ahornarten oder Nadelbäumen macht das nichts aus; sie entwickeln auch ohne Schnitt eine attraktive Form. Bei den meisten Laubgehölzen kann man durch einen Schnitt allerdings die Wuchsform optimieren. Obendrein hält der Schnitt die Gehölze gesund. Die verschiedenen Gehölze müssen jedoch unterschiedlich geschnitten werden. Fragen Sie am besten schon beim Kauf, welchen Schnitt der jeweilige Baum oder Strauch braucht. Weitere Angaben dazu finden Sie bei den Porträts ab Seite 78.

Pflanzen für den Blattschmuckgarten

Grüne Monotonie? Weit gefehlt: Blätter bieten alles: Grün, Gelb, Weiß und Rot in allen Nuancen, vielfältige Formen und bizarre Muster.

Stauden – Stars im Blattschmuckbeet

Stauden sind außerordentlich vielfältige Pflanzen: Die Palette reicht von meterhohen Exemplaren mit Riesenblättern wie dem Mammutblatt über elegante Blattschönheiten wie Funkien bis zu filigranen, silbrigen Pflanzen wie Silberrauten. Stauden sind deshalb in gewisser Weise das Rückgrat eines jeden Beets im Blattschmuckgarten.
Definitionsgemäß sind Stauden mehrjährige Pflanzen: Sie treiben Jahr für Jahr im Frühling neu aus, entfalten ihre Blätter und bilden Blüten und Samen. Allerdings verlieren sie nach ein paar Jahren meist ihre Wüchsigkeit, abgesehen von wenigen Ausnahmen. Diesen Prozess kann man jedoch umgehen, indem man beispielsweise den Wurzelstock teilt und die kleinen Teilstücke neu einpflanzt. Beobachten Sie Ihre Blattschmuckstauden deshalb aufmerksam, damit Sie diesen Alterungsprozess rechtzeitig erkennen. Manchmal muss man eine überalterte Staude aber durch eine neue ersetzen. Es muss ja nicht wieder dieselbe Sorte sein – nutzen Sie die Gelegenheit, neue Arten und Sorten auszuprobieren. Die beste Zeit dafür ist das Frühjahr, dann ist auch die Auswahl in den Gartencentern am größten.

Die Qual der Wahl

Bei der Auswahl von Stauden für den Blattschmuckgarten stehenWuchsformen und die Ausgestaltung der Blätter im Vordergrund. Zum Glück bringen Pflanzenzüchter ständig neue, attraktive Sorten auf den Markt, die sich auch in diesen Merkmalen von ihren Vorgängern unterscheiden. Solche neuen Sorten stellen in aller Regel ähnliche Ansprüche an Boden und Licht wie die Art oder eine ältere Sorte, sodass ein Austausch an Ort und Stelle problemlos möglich ist. Gerade die leichte Austauschbarkeit macht den Blattschmuckgarten so spannend: Eine Staude mit einer anderen Blattzeichnung oder einer neuen Blattfärbung kann einem Beet eine ganz andere Stimmung verleihen.
Die folgende Zusammenstellung von Stauden ist an die besonderen Bedürfnisse des Blattschmuckgartens angepasst. Angesichts der riesigen Auswahl an Arten und Sorten kann sie jedoch nur ein Leitfaden mit bewährten Beispielen sein. Sie finden hier die für die Gestaltung eines Blattschmuckbeets wichtigsten Stauden – von den Stars, die markante Blickpunkte setzen, über Bodendecker bis zu Begleitstauden.
Lassen Sie sich bei der Auswahl von den Standortbedingungen leiten, damit die Pflanzen optimal gedeihen; erst an zweiter Stelle folgen gestalterische Kriterien.

Aus dem Wald ins Beet

▷ Weicher Frauenmantel *Alchemilla mollis*

Höhe: *30–50 cm* **Breite:** *40–75 cm*
Als Blattschmuck ist der Frauenmantel unverzichtbar: Seine kuppelförmige bis locker ausgebreitete Wuchsform und die gefältelte Form der Blätter sehen im Beet oder unter Gehölzen attraktiv aus. Er wächst an sonnigen bis halbschattigen Plätzen, muss an sonnigen Standorten allerdings stärker gewässert werden. Wer den Weichen Frauenmantel im Garten hat, wird ihn nie wieder los. Die Samen aus den winzigen, gelbgrünen Blüten verbreiten sich überall und keimen bereitwillig aus. Dennoch würde ich auf keinen Fall die Blüten abschneiden, die ab Juni bis in den Frühherbst wie duftige Wolken über den Blättern schweben.

◁ Kriechender Günsel *Ajuga reptans*

Höhe: *10–25 cm* **Breite:** *20–30 cm*
Günsel gedeiht in der Sonne und im lichten Schatten von Gehölzen auf lehmigen, frischen bis feuchten Böden. Er wächst aufrecht, breitet sich aber über Ausläufer aus und deckt den Boden wie mit einem grünen Teppich ab. Neben der Wildform gibt es Sorten mit farbigen oder panaschierten Blättern. 'Atropurpurea' hat violettbraunes Laub, 'Burgundy Glow' silbrig grünes mit bronzefarbener Zeichnung. 'Silver Carpet' und 'Variegata' mit silbrig weißen Blättern sorgen für helle Farbtupfer. Günsel bringt Waldatmosphäre ins Beet, was die blauen bis blauvioletten Blüten (Mai bis Juni) noch unterstreichen.

▷ Gundermann *Glechoma hederacea*

Höhe: *15–20 cm* **Breite:** *40–50 cm*
Der Gundermann fühlt sich wie der Günsel an sonnigen bis halbschattigen Plätzen wohl und kann zusammen mit ihm als gemusterter Teppich gepflanzt werden. Allerdings breitet sich Gundermann mit bis zu 1 m langen Ausläufern sehr stark aus. Seine Blätter sind weicher und runzliger als beim Günsel. Leider ist der ab April blühende Gundermann nicht besonders standorttreu – er »wandert« seinen Ausläufern folgend aus und muss aus Ablegern neu gepflanzt werden. Sein idealer Platz im Blattschmuckgarten ist der Gehölzrand oder der Bereich vor einer lockeren Hecke.

Bodendecker mit Pfiff

◁ **Purpurglöckchen** *Heuchera* und × *Heucherella*

Höhe: *15–80 cm* **Breite:** *15–60 cm*
Das Sortenangebot der Purpurglöckchen ist groß und wechselnd. Von rein grünen über weiß und silbrig panaschierten bis zu hell- und tief dunkelroten Blattfarben sind viele Nuancen vertreten. Die Blätter haben stets eine rundliche Grundform, sind aber am Rand mehr oder minder tief eingebuchtet. Dank ihres locker kuppelförmigen Wuchses und mittlerer Höhe fügen sie sich abwechslungsreich in Blattarrangements ein. Purpurglöckchen gedeihen an sonnigen bis halbschattigen Standorten. Bunte Sorten sollte man möglichst sonnig pflanzen, sonst vergrünen die Blätter. Hübsch ist es, wenn man mehrere Sorten mit aufeinander abgestimmten Blattfarben kombiniert. Die Blüten auf den hohen Stängeln über den Blattpolstern verschönern das Bild, ohne die Wirkung der Blätter zu dominieren.

▷ **Pfennigkraut** *Lysimachia nummularia*

Höhe: *bis 10 cm* **Breite:** *bis 10 cm*
Das Pfennigkraut gedeiht sowohl an sonnigen wie schattigen Plätzen. Es braucht aber unbedingt feuchte Böden – je sonniger der Standort, desto mehr muss man es gießen. Seine bis zu 50 cm langen Triebe decken mit den rundlichen, flach ausgebreiteten Blättern den Boden wie ein sattgrüner Teppich ab. Die Sorte 'Aurea' hat leuchtend goldgelbe Blätter. Der ideale Standort ist eine feuchte Ecke unter Laubgehölzen oder an einem Teich, wo die Pflanze bis ins Wasser vordringen kann. Die gelben Blüten erscheinen von Juni bis August.

◁ **Sauerklee** *Oxalis*-Arten

Höhe: *5–15 cm* **Breite:** *20–25 cm*
Die dreiteiligen, frischgrünen Blätter des heimischen Sauerklees *(O. acetosella)* sind faszinierend, weil sie ihre Form verändern können: Nachts und bei starkem Sonnenschein klappen sie nach unten weg und erinnern an zusammengefaltete Regenschirmchen. Sauerklee-Arten sind perfekte Bodendecker, die im Halbschatten und Schatten unter Laubgehölzen wachsen, wo ihre Blätter aus der Entfernung wie eine grüne Fläche wirken. Auf lockeren, humusreichen Böden setzen sie sich gegen Farne, Waldgräser und Waldstauden gut durch. Die farbigen »Glücksklees« (→ Abb.) mit vierteiligen Blättern sind Sorten anderer Arten. Sie liefern hübsche Farbflecken.

◁ Hauswurz *Sempervivum*-Arten und -Sorten

Höhe: *bis 50 cm* **Breite:** *bis 80 cm*
Die zahlreichen Hauswurz-Arten und -Sorten sind typische Steingartenpflanzen, die sonnige Standorte und durchlässige Böden brauchen. Ihre Bedeutung für den Blattschmuckgarten liegt in der hohen Variabilität. Breite, locker wachsende Arten wie die Purpur-Fetthenne *(Sedum telephium)* passen in den mittleren Bereich eines Beets. Die Blätter verfärben sich im Herbst, und die trockenen Fruchtstände sehen bis in den Winter hübsch aus. Nicht winterharte Arten wie die Echte Hauswurz *(S. tectorum)* sind mit ihren prachtvollen Rosetten ein faszinierender Anblick. In flachen Schalen mit sandigem Substrat können Fetthennen sogar in Beete integriert werden, deren Boden ihnen nicht zusagt.

▷ Kaukasus-Fetthenne *Sedum spurium*

Höhe: *10–20 cm* **Breite:** *20–40 cm*
Die Kaukasus-Fetthenne verträgt im Unterschied zu den meisten anderen Fetthennen sogar den leichten Schatten unter einem lockeren Laubgehölz. Die rundlichen Blätter wachsen sehr dicht, sodass der Eindruck eines Teppichs entsteht. Neben grünen gibt es auch Sorten mit roten Blättern wie 'Fuldaglut' oder 'Schorbuser Blut'. Auch beim Boden ist diese Art nicht besonders anspruchsvoll. Sie verträgt etwas Nässe und fühlt sich auch auf sauren oder basischen Böden wohl. Um Staunässe zu vermeiden, sollten Sie beim Pflanzen aber etwas Sand oder feinen Kies ins Substrat mischen. Die Kaukasus-Fetthenne sieht im Vordergrund von Beeten gut aus, besonders hübsch wirkt sie, wenn man sie in Form von Streifen pflanzt, die sich nach und nach zwischen höheren Pflanzen verlieren.

Markante Gestalten

◁ Zierfenchel *Foeniculum vulgare*

Höhe: *100–200 cm* **Breite:** *80–100 cm*
Als »Zierfenchel« werden verschiedene Sorten des Gewürzfenchels angeboten. Während der eigentliche Gewürzfenchel blaugrün ist, hat der bis 120 cm hohe Bronzefenchel 'Atropurpureum' bräunliche Blätter. 'Red Form', ebenfalls bis 120 cm hoch, und die bis 180 cm hohe Sorte 'Bronce Leaf' besitzen rotes bis braunes Laub. Die Pflanzen wachsen aufrecht und locker verzweigt. Zum Blickpunkt werden sie, weil sich die Blattfiedern in fadendünne Abschnitte verzweigen, die den Umriss der Pflanzen optisch auflösen. Dadurch wirkt Zierfenchel transparent und kontrastiert gut mit kompakt wachsenden Stauden. Die Blütenstände mit den winzigen, gelben Blüten erinnern an Schirme. Fenchel wächst auf nährstoffreichen Böden. Er will möglichst einen sonnigen Platz, verträgt aber auch etwas Schatten.

▷ Taglilien *Hemerocallis*-Arten und -Sorten

Höhe: *50–80 cm* **Breite:** *60–120 cm*
Taglilien sind die nahezu perfekten Pflanzen für einen Blattschmuckgarten. Sie wachsen in Sonne und Halbschatten und brauchen einen normal feuchten, nährstoffreichen Boden. Ihre breit auseinanderfallenden Horste aus grasartig schmalen Blättern sehen während der ganzen Vegetationsperiode attraktiv aus. Sie passen zu kompakten Polstern, in Gras- und Steppengärten, wirken aber auch hübsch zwischen lockeren Sträuchern. Die Blüten – in ihnen unterscheiden sich die verschiedenen Formen – stehen an hohen, kräftigen Stängeln weit oberhalb der Blätter. Kombinieren Sie Sorten unterschiedlicher Höhe miteinander.

◁ Wolfsmilch *Euphorbia*-Arten und -Sorten

Höhe: *meist 40–80 cm* **Breite:** *bis 100 cm*
Die Arten und Sorten der Wolfsmilch sind extrem formenreich. Viele Arten sind wintergrün, andere haben farbiges Laub wie die Sorte 'Purpurea' der Mandelblättrigen Wolfsmilch *(E. amygdaloides)*, einige zeichnen sich durch eine spektakuläre Herbstfärbung aus wie *E. griffithii* 'Fireglow'. Die meisten brauchen durchlässige Böden an sonnigen Standorten, einige kommen auch im Halbschatten zurecht. Ihre straffe Wuchsform, die farbigen Blätter und Hochblätter sorgen bis spät ins Jahr für Abwechslung. Vorsicht: Alle Arten enthalten einen hautreizenden, giftigen Milchsaft.

◁ Edeldistel *Eryngium planum*

Höhe: *40–50 cm* **Breite:** *30–40 cm*

Die Edeldistel – auch Flachblättriger Mannstreu genannt – ist eine mediterrane Art, der ähnliche, bis 80 cm hohe Elfenbein-Mannstreu *(E. giganteum)* stammt aus dem Nahen Osten. Beide ziehen mit stark gezackten, silbrigen Blättern die Blicke auf sich. In der Sonne schimmern sie bläulich, die Sorte 'Blauer Zwerg' ist sogar kräftig blau. Die Hochblätter unterhalb der Blütenköpfe laufen in spitzen Stacheln aus. Beide Arten fügen sich perfekt in trockene Heide- oder Steppengärten oder zwischen Gräser in einem Staudenbeet ein. Sie brauchen einen sonnigen Standort und gut durchlässigen Boden. Elfenbein-Mannstreu wächst zweijährig und sät sich selbst aus, die Edeldistel ist eine kurzlebige Staude.

▷ Eselsdistel *Onopordum acanthium*

Höhe: *bis 150 cm* **Breite:** *100–150 cm*

Die Eselsdistel ist allein durch ihre Größe eine auffallende Gestalt. Sie wirkt im Hintergrund von Beeten auf trockenen, aber auch steinigen bis schweren Böden und ist ideal für weitläufige Steppengärten oder naturnahe Gärten auf Trockenstandorten. Wer sich für diese imposante, aber etwas bizarre Art entscheidet, wird sie schwer wieder los. Sie ist zwar zweijährig, samt sich an passenden Standorten aber freigiebig aus. Aus einer bis 1 m breiten Blattrosette wächst ein aufrechter, verzweigter Stängel. Er ist wie die Blätter weißfilzig behaart. Die lang bestachelten, kleineren Stängelblätter laufen wie Flügel am Stängel hinab. Der Blütenstand wird 2–3 m hoch. In kleinen Gärten ist die Eselsdistel nicht zu empfehlen, da sie sich stark verbreitet. Hier eignen sich Edeldisteln besser.

Silberschätze im Blattschmuckbeet

◁ Perlpfötchen *Anaphalis triplinervis*

Höhe: *20–50 cm* **Breite:** *30–40 cm*
Solange der Boden durchlässig, sandig bis steinig und der Standort sonnig ist, fühlt sich das Perlpfötchen wohl. Seine dicht stehenden, silbrig graugrünen und dicht behaarten Blätter passen bestens zu Wolfsmilcharten oder in ein mediterranes Beet mit Lavendel und Salbei. Die dichte, aber lockere Wuchsform bildet einen guten Kontrast zu starren oder polsterförmigen Arten. Der Farbton der Blätter und die weißen Blüten machen das Perlpfötchen zu einem dezenten Partner in pastellfarbenen Staudenbeeten. Weil sie nicht wuchern, sind die Art und ihre Sorten für kleine Gärten interessant. 'Sommerschnee' (25 cm hoch) verträgt pralle Sonne, 'Silberregen' wird doppelt so hoch.

▷ Zwerg-Silberraute *Artemisia schmidtiana* 'Nana'

Höhe: *20–25 cm* **Breite:** *20–25 cm*
Die Gattung *Artemisia* stellt viele Arten für den Blattschmuckgarten. Diese Zwergform ist allerdings wegen ihrer geringen Größe ungewöhnlich. Die Silberraute ist langlebig und bildet dichte, kuppelförmige Polster. Sie braucht Sonne und einen relativ trockenen, durchlässigen Boden, der auch im Winter nicht nass werden darf. Als kleine Gruppe im Vordergrund eines Beets oder bandartig zwischen höheren Stauden oder lichten Gehölzen lenken ihre silbrigen Blätter alle Blicke auf sich. Perfekt ist sie neben einem Sitzplatz, denn ihre Blätter duften aromatisch.

◁ Silber-Wermut *Artemisia ludoviciana*

Höhe: *50–90 cm* **Breite:** *40–80 cm*
In Kombination mit dem Perlpfötchen entsteht eine interessante Ton-in-Ton-Wirkung, da sich beide Arten durch Höhe und Blattfarbe unterscheiden. Die dicht behaarten Blätter der Sorte 'Silver Queen' (bis 70 cm hoch) spielen noch stärker ins Silbrige. Silber-Wermut braucht Sonne und durchlässige bis trockene Böden. Er fügt sich bestens in einen von Gräsern dominierten Steppengarten, ein mediterranes Beet oder in einen Duftgarten ein. Ein Nachteil: Er breitet sich über Ausläufer stark aus und muss daher regelmäßig kontrolliert werden.

◁ **Wolliger Ziest** *Stachys byzantina*

Höhe: *10–25 cm* **Breite:** *30–40 cm*
Die dicht behaarten Blätter fühlen sich wie Samt an – daher der Name. In normalen Wintern bleiben die Blätter stehen. Da sich der Ziest über Ausläufer verbreitet, wächst er zu einem dichten Teppich, aus dem sich die straff aufrechen Blütenstände erheben. Besonders dicht ist die Sorte 'Silver Carpet', die keine Blüten bildet – perfekt für Blattschmuckbeete. Der Wollige Ziest wächst an einem sonnigen Standort mit trockenen Böden. Die Blütenstände schneidet man vor der Samenbildung dicht über dem Boden ab. Weitere interessante Sorten sind 'Striped Phantom' mit gestreiften Blättern oder 'Limelight' mit gelben Triebspitzen.

▷ **Silber-Heiligenkraut** *Santolina chamaecyparissus*

Höhe: *40–60 cm* **Breite:** *50–60 cm*
Heiligenkraut ist eine typische Mittelmeerpflanze: Es braucht viel Sonne und trockene Böden, in denen sich auf keinen Fall Staunässe bilden darf. In kalten Wintern muss es gut geschützt in Töpfen überwintert werden, oder man pflanzt es neu. Heiligenkraut hat winzige, schmale Blättchen, die bereits aus kurzer Entfernung zu einer silbrigen Fläche verschmelzen. Es braucht einen regelmäßigen Rückschnitt, um nicht auseinanderzufallen, und lässt sich auch zu Mini-Hecken schneiden. Der Duft der Blätter liegt zwischen streng und aromatisch-herb. Prüfen Sie vor dem Kauf, ob Ihnen dieses Aroma zusagt.

◁ **Filziges Hornkraut**
Cerastium tomentosum 'Silberteppich'

Höhe: *bis 10 cm* **Breite:** *20–40 cm*
Hier ist der Name Programm: Diese Sorte überzieht den Boden wie ein Teppich aus weißfilzigen Blättern. Meist bleiben die Blätter den ganzen Winter über erhalten. Die höhere Art und höhere Sorten sind Steingartenpflanzen, die auf trockenen, durchlässigen Böden in der heißen Sonne wachsen. Sie eignen sich besonders gut für Hanggärten, wo man sie in Lücken von Trockenmauern pflanzt, passen aber auch zwischen Polsterstauden, Grasnelken, Gräser oder Glockenblumen. Obwohl das Hornkraut Ausläufer treibt, wuchert es nie zwischen andere Pflanzen.

Funkien – unverzichtbare Hauptdarsteller

◁ Herzblattlilien, Funkien *Hosta*

Höhe: *10–100 cm* **Breite:** *50–120 cm*
Die Vielfalt der Arten und Sorten der Funkien ist teilweise verwirrend. Die Gliederung nach den Farbkombinationen der Blätter ist daher die beste Möglichkeit, sich einen Überblick zu verschaffen. Die Größen beziehen sich auf die Blatthorste, die Blütenstängel überragen sie um 20–30 cm. Alle Funkien brauchen halbschattige bis schattige Standorte, in der Sonne überleben sie nur bei ausreichender Feuchtigkeit im Boden. Funkien sind eine sichere Bank im Blattschmuckgarten: Sie sind langlebig, pflegeleicht – regelmäßiges Mulchen reicht aus – und sehen immer toll aus. Der einzige Nachteil: ihre Beliebtheit bei Schnecken. Hier helfen nur Schneckenzäune oder rigoroser Schutz der Jungpflanzen durch übergestülpte Einweckgläser oder abgeschnittene Plastikflaschen. Im Beet oder unter Sträuchern wirken Funkien besonders gut in Kombination mit anderen Funkien.

▷ Blaublattfunkien *Hosta*-Sorten

Höhe: *10–80 cm* **Breite:** *10–80 cm*
Zu den Blaublattfunkien oder blaulaubigen Herzblattlilien gehören alle Arten und Sorten, deren Blätter einen eindeutigen Blauton aufweisen. Bei einigen Formen sind die Blätter durchgängig blau. Dazu zählen Sorten wie 'Aqua Velva', 'Betchers Blue', 'Blue Diamond', 'Bold Ruffles', 'Halcyon' sowie die nur 10–15 cm hohe Sorte 'Blauwichtel'. Ebenfalls blau sind die *H.-sieboldiana*-Sorten 'Krossa Regal' oder 'Elegans'. Andere sind blau mit einem goldenen Rand wie 'Alvatine Taylor', *H. sieboldiana* 'Frances Williams' oder blau mit gelber Mitte wie 'Great Expectations'. Die Blätter sind schmal bis breit herzförmig, die Blattrippen sind gut zu sehen, aber selten auffällig. Blaublattfunkien passen gut zu allen Blattschmuckpflanzen mit hellgrünen, gelb panaschierten oder silbernen Blättern. Ihre Blüten sind weiß, lila oder violett.

▷ Weiß panaschierte Funkien *Hosta*-Sorten

Höhe: *5–80 cm* **Breite:** *5–90 cm*
Die Kombination aus zumeist hellen Grüntönen mit den reinweißen Blattflecken oder -rändern sorgt für starke Kontraste. Im Vordergrund fallen besonders Arten mit kräftig hervortretenden Blattadern auf. Bei den sogenannten Undulata-Sorten sind die Blätter attraktiv gewellt oder verdreht und mit weißen Streifen oder Rändern verziert. 'Brim Cup', 'Patriot' und 'Crispula' haben breite, cremeweiße Ränder, bei 'Frosted Jade' oder 'Silberlöffel' fällt er schmaler aus. Eine weiße Mitte weisen beispielsweise 'Pandora's Box' auf oder 'Masquerade' mit weißer Mitte und sehr schmalem, grünem Rand.

◁ Grünlaubige Funkien *Hosta*-Arten und -Sorten

Höhe: *10–80 cm* **Breite:** *10–120 cm*
Bei den grünlaubigen Funkien ist die Auswahl an Arten und Sorten recht hoch. Sie sind für die Gestaltung äußerst wichtig, da sie einerseits einen ruhigen Farbkontrast zu anderen Funkien, Farnen und Gräsern liefern, sich andererseits aber durch eine große Vielfalt auszeichnen: Die nur 10 cm hohe 'Tiny Tears' hat winzige Blätter, *Hosta elata* extrem großes Laub, *H. ventricosa* stark wellige Blätter, die Sorte 'Green Acres' Blattoberflächen mit einem regelmäßigen Relief. *H. lancifolia* hat dunkelgrüne, lanzettförmige, *H. plantaginea* breite Blätter. Es gibt sogar Funkien, die sich als Solitäre eignen wie 'Fantastic' mit unregelmäßig geformten, blaugrünen Blättern.

▷ Gelbbunte Funkien *Hosta*-Sorten

Höhe: *15–80 cm* **Breite:** *15–90 cm*
Gelbbunte Funkien leuchten in einem hellen Grünton. Einige Formen sind gelb mit grünem Rand bis gänzlich gelb. Alle passen gut zu blauen Blättern, aber auch zu Gräsern, Farnen oder – besonders kontrastreich – zu Arten mit großen Blättern wie Schildblatt und Tafelblatt. Gängige Sorten sind 'Gold Standard' und 'June' – beide gelb mit grünem Rand. 'Solarkugel' ist zitronengelb, 'Liberty' grün mit gelbem Rand.

Riesenblätter – das Flair des Dschungels

▷ Tafelblatt *Astilboides tabularis*

Höhe: *120–150 cm* **Breite:** *90–150 cm*

Das Tafelblatt braucht viel Platz und einen halbschattigen Standort. Der Boden sollte möglichst feucht sein; während trockener Phasen im Sommer muss regelmäßig gegossen werden. Sein idealer Platz ist ein schöner Einzelstand am Ufer eines Gartenteichs im lichten Schatten eines Baums oder Strauchs, wo der üppige Blattschmuck auch aus großer Entfernung noch gut sichtbar ist. Da der Blattstiel in der Mitte der Blätter (50–80 cm Durchmesser) ansetzt, sehen die Blätter wie runde Schilde aus. Sie wachsen an langen Stielen aus dem Zentrum des Horsts. Im Herbst färben sich die Blätter gelb. Im Hochsommer schweben zierliche, weiße Blüten in dichten Wolken über den Blättern.

◁ Schildblatt *Darmera peltata*

Höhe: *80–120 cm* **Breite:** *80–150 cm*

Das Schildblatt wächst an denselben Standorten wie das Tafelblatt, breitet sich allerdings über Rhizome merklich aggressiver aus. In großen, naturnahen Gärten darf es sich am Ufer eines Gartenbachs ausbreiten, in kleineren Gärten muss es in Zaum gehalten werden. Das Schildblatt ist allein oder in Kombination mit Schwertlilien, Zierrhabarber oder hohen Gräsern ein faszinierender Anblick. Seine 30–60 cm großen Blätter sind stärker eingeschnitten als beim Tafelblatt; im Herbst sind sie attraktiv kupferrot gefärbt. Die zierlichen Blüten erscheinen ab April.

▷ Chilenisches Mammutblatt *Gunnera tinctoria*

Höhe: *200–300 cm* **Breite:** *300 cm*

Wer das imposante Mammutblatt in einem Garten üblicher Größe anpflanzt, kann auf Gehölze verzichten. Es verträgt Sonne bis Halbschatten, ist aber auf einen ständig feuchten bis nassen Boden angewiesen und muss im Sommer viel gegossen werden. Außerdem ist die aus Südamerika stammende Pflanze nicht winterhart und muss mit dicker Laubauflage, Zweigen und einer umgestülpten Holzkiste vor Frost geschützt werden. Die bis 2 m breiten Blätter stehen an 1,5 m langen Stielen. Als Partner kommen nur große Pflanzen wie Chinaschilf, große Farne oder lockere Gehölze infrage.

▷ Wiesen-Federmohn *Macleaya cordata*

Höhe: *180–250 cm* **Breite:** *90–250 cm*

An trockenen, sonnigen Standorten mit durchlässigen Böden kann sich der Federmohn am besten entwickeln. Seine etwa 20–30 cm großen, tief eingeschnittenen Blätter stehen an langen Stielen und sehen auch aus der Entfernung nie wie eine kompakte Fläche aus. Bei Wind blitzen die weißfilzig behaarten Blattunterseiten auf. Der Federmohn braucht Partner, für den Einzelstand reicht seine Erscheinung nicht aus. Da er sich stark ausbreitet, ist er im Hintergrund eines Beets sehr gut aufgehoben. Er blüht im Hochsommer; von den Blüten sind aber nur die langen, weißen Staubfäden zu sehen. Bei der Sorte 'Kelway's Coral Plume' sind sie kupferrot gefärbt.

◁ Chinesischer Rhabarber *Rheum palmatum*

Höhe: *100–120 cm* **Breite:** *150–200 cm*

Der Chinesische Rhabarber und seine Sorten ähnelt dem Gartenrhabarber, hat aber tiefer eingeschnittene, bis 50 cm breite Blätter mit spitzen Zacken. Er wächst auf nährstoffreichen, tiefgründigen Böden in der Sonne oder im lichten Schatten von Laubgehölzen. Im Sommer stehen winzige rötliche Blüten an bis zu 2,5 m hohen Stängeln über den Blättern. Neben der Art gibt es mehrere Sorten: 'Atrosanguineum' hat purpurrot austreibende Blätter, auch die Varietät *R. palmatum* var. *tanguticum* treibt mit roten Blättern aus. 'Ace of Hearts' hat herzförmiges Laub mit roten Adern.

▷ Bronze-Schaublatt *Rodgersia podophylla*

Höhe: *80–90 cm* **Breite:** *80–120 cm*

Das Bronze-Schaublatt wächst gut im Halbschatten und Schatten. Der Boden sollte möglichst nährstoffreich und etwas feucht sein. Die tief handförmig eingeschnittenen, bis 50 cm breiten Blätter treiben bronzerot aus, werden im Lauf des Sommers grün und verfärben sich im Herbst kupferrot. Attraktive Sorten sind 'Pagode' und 'Rotlaub'. Das Bronze-Schaublatt blüht im Juni mit bis zu 120 cm hohen Blütenständen. Es kann sowohl als einzelner Blickpunkt oder auch in einer Gruppe mit Funkien, Farnen, Gräsern oder zwischen Gehölze gepflanzt werden. Vorsicht, die Pflanze wuchert über Rhizome!

Bodendecker für Halbschatten und Schatten

◁ Italienischer Aronstab *Arum italicum*

Höhe: *20–55 cm* **Breite:** *30–50 cm*

Die Blätter des Italienischen Aronstabs sind intensiv weißlich bis silbergrau gemustert. Beim heimischen Aronstab *(A. maculatum)* tragen die Blätter dunkelbraune Flecken. Beide brauchen einen halbschattigen Standort mit feuchten, humusreichen Böden. Die Blätter treiben im Herbst aus, bleiben im Winter stehen und ziehen im Sommer wieder ein. Daher eignen sich beide Arten nicht gut für den Vordergrund eines Beets, sondern besser als Unterwuchs von naturnahen Gehölzgruppen, vor allem in Verbindung mit wintergrünen Arten wie Nieswurz oder Farnen. Neben dem tütenartigen Hüllblatt des Blütenstands (ab März) sind die roten Beeren nach dem Einziehen der Blätter sehenswert.

▷ Europäische Haselwurz *Asarum europaeum*

Höhe: *10–15 cm* **Breite:** *20–30 cm*

In der Natur wächst die Haselwurz in Wäldern. Im Garten kommt sie deshalb am besten im Unterwuchs von Gehölzen zur Geltung. Solange sie einen lockeren, humus- und nährstoffreichen Boden vorfindet, kann sie sogar fast im Vollschatten wachsen. Die ledrigen, glänzend grünen Blätter bedecken lückenlos den Boden. Die Staude ist wintergrün und breitet sich über Ausläufer immer dichter aus. Kombinieren Sie diesen grünen Teppich mit Farnen, Waldgräsern, Aronstab, Nieswurz oder Lungenkraut zu einem lebendigen Gartenbild.

◁ Bergenie *Bergenia*-Sorten

Höhe: *20–30 cm* **Breite:** *40–60 cm*

Bergenien werden auch im traditionellen Staudengarten gern eingesetzt, weil sie mit Standorten von sonnig bis schattig zufrieden sind. Die sehr anspruchslosen Pflanzen wachsen auf jedem normalen Gartenboden. Für den Blattschmuckgarten sind sie wegen der großen rundlichen, fleischig bis ledrigen Blätter interessant. Da die Blätter unregelmäßig aufgerichtet oder wellig wachsen und dabei ihre dunkleren Blattunterseiten präsentieren, wirkt die Staude sehr abwechslungsreich. Farbige Blätter bieten z. B. 'Abendglut', 'David' und 'Opal'. 'Autumn Red', 'Bizet', 'Eroica' haben eine hübsche Herbstfärbung.

◁ Kaukasus-Vergissmeinnicht
Brunnera macrophylla

Höhe: *30–40 cm* **Breite:** *40–50 cm*
Die Art hat große, herzförmige Blätter. Attraktiver sind Sorten mit panaschierten Blättern wie 'Hadspen Cream' mit cremegelbem Rand, 'Jack Frost' mit silbrigem Laub oder 'Variegata' mit weißem Rand. Das Kaukasus-Vergissmeinnicht wächst auf jedem guten, feuchten Gartenboden im Halbschatten bis Schatten. Es wuchert nicht und belebt als farbiger Eyecatcher mit anderen Bodendeckern den Unterwuchs von Gehölzen. Die himmelblauen, kleinen Blüten erscheinen von April bis Mai. Das Kaukasus-Vergissmeinnicht sät sich selbst aus, was in kleinen Gärten problematisch sein kann.

▷ Oktober-Silberkerze
Cimicifuga simplex

Höhe: *60–100 cm* **Breite:** *100–150 cm*
Obwohl der eigentliche Zierwert die weißen Blüten sind, haben Silberkerzen auch als Blattschmuckstauden ihren Reiz. Die lang gestielten, tief eingeschnittenen Blätter wirken noch aus der Entfernung sehr bewegt und passen als gleichwertige Partner zu lockeren Laubgehölzen. Die Blätter der Sorte 'Braunlaub' verfärben sich von grün nach braun, 'Elstead' ist eine Sorte mit elegantem Wuchs. 'Brunette' und 'Schwarzer Peter' haben dunkelrotes bis braunes Laub. Silberkerzen vertragen weder Sonne noch trockene Böden, sondern brauchen halbschattige, feuchte Plätze.

◁ Brauner Storchschnabel *Geranium phaeum*

Höhe: *40–50 cm* **Breite:** *30–50 cm*
Der Braune Storchschnabel wächst sowohl in der Sonne als auch im Halbschatten. Der Boden sollte nährstoffreich und feucht sein. Attraktiver als die Art sind Sorten mit dunklen Flecken auf den rundlichen, tief eingeschnittenen Blättern, beispielsweise 'Angelina' oder 'Samobor'. Mit dem Braunen Storchschnabel lassen sich hübsche rhythmische Effekte erzielen: Pflanzen Sie ein Exemplar in den sonnigen Vordergrund vor eine Strauchgruppe und zwei bis drei als Gruppe in den Halbschatten zwischen die Sträucher. Die Nachbarpflanzen werden je nach den herrschenden Lichtverhältnissen ausgewählt.

Bunte Blätter für Schattenecken

◁ Gefleckte Taubnessel *Lamium maculatum*

Höhe: *15–30 cm* **Breite:** *25–40 cm*
Die Gefleckte Taubnessel ist eine heimische Pflanze, die an natürlichen Standorten im lichten Schatten von Laubwäldern wächst. Im Blattschmuckgarten kommt die Art deshalb am schönsten zwischen Gehölzen oder in naturnah gestalteten Waldstauden- und Farnbeeten zur Geltung, wo sie einen flächenhaften Bodendecker abgibt. Sie breitet sich selbst über Ausläufer aus. Neben der Art sind im Blattschmuckgarten besonders die Sorten mit farbigen Blättern interessant: 'Aureum' hat gelbes Laub, 'Chequers' oder 'Argenteum' Blätter mit silbernen Zeichnungen, 'White Nancy', 'Dingle Candy' oder 'Pink Pewter' haben silbriges Laub mit schmalem, grünem Rand. Da es ständig neue Züchtungen gibt, lohnt es sich, im Gartencenter nach dem aktuellen Sortiment zu fragen.

▷ Schaumblüte *Tiarella*-Sorten

Höhe: *20–50 cm* **Breite:** *20–50 cm*
Obwohl auch Arten angeboten werden, sind vor allem Sorten im Handel. Alle wachsen im Halbschatten bis Schatten auf nährstoff- und humusreichen, feuchten Böden. Um optimale Wachstumsbedingungen zu erhalten, sollte man den Bereich um die Schaumblüte mit halb verrottetem Kompost mulchen. Die Sortenvielfalt ist enorm, und nicht jedes Gartencenter führt alle. Besonders attraktiv sind Sorten mit dunkelbrauner bis fast schwarzer Mitte wie 'Black Velvet', 'Dark Star' oder 'Mint Chocolate'. Am besten kombinieren Sie grüne, farbige und mehrfarbige Sorten. Gute Partner sind auch Funkien oder die ähnlichen *Heuchera*- und *Heucherella*-Sorten.

◁ **Goldnessel** *Lamiastrum*-Arten und -Sorten

Höhe: *15–30 cm* **Breite:** *25–40 cm*
Die Goldnessel ist viel wüchsiger als die Taubnessel und verträgt mehr Schatten. Kombiniert man beide, lassen sich Flächen vom Halbschatten bis zum Schatten bedecken. Besonders hübsch ist *L. argentatum* mit silbernen Blattflecken, 'Herman's Pride' mit fast weißen Blättern, 'Silberteppich' mit silbrigem Laub oder 'Petit Point' mit silbrigem Laub mit grünen Adern. Anders als die Arten behalten die Sorten ihre Zeichnung auch im Schatten.

▷ **Lungenkraut** *Pulmonaria*-Arten und -Sorten

Höhe: *20–30 cm* **Breite:** *30–40 cm*
Das heimische Lungenkraut *(P. officinalis)* ist die erste Wahl für einen naturnahen Blattschmuckgarten. Es besiedelt halbschattige bis schattige Flächen auf nährstoffreichen Böden zwischen Laubgehölzen. Zusammen mit Farnen, Nieswurz, Haselwurz und Waldgräsern entstehen sehr natürliche Bilder. Die Art hat mattweiße Flecken, 'Ice Ballet' und 'Cotton Cool' silbrige, 'Wuppertal' besonders große und 'Nürnberg' sehr auffällige Flecken. 'Excalibur' hat sogar fast ganz silberne Blätter mit grünem Rand. Ebenfalls stark gezeichnete Blätter haben das Großgefleckte *(P. saccharata)* und das Großblättrige Lungenkraut *(P. longifolia)* sowie deren Sorten.

◁ **Houttuynie** *Houttuynia cordata*

Höhe: *40–50 cm* **Breite:** *50–60 cm*
Die Houttuynie braucht im Idealfall einen halbschattigen Standort mit feuchtem bis nassem Boden: Der Uferbereich eines Gartenteichs oder ein Sumpfbeet wären also perfekte Plätze. Sie kommt aber auch mit etwas trockeneren Böden zurecht. Ihre rundlichen bis herzförmigen Blätter stehen sehr dicht und geben der Pflanze ein buschiges, abwechslungsreiches Aussehen. Besonders interessant ist die panaschierte Sorte 'Chameleon' mit gelben bis weißen Zeichnungen auf dem grünen Blatt. Sie ist auch unter dem Namen 'Tricolor' oder 'Variegata' im Handel. Im Herbst setzt sich nach und nach eine rote Färbung durch, wodurch ein reizvolles Farbenspiel aus Weiß, Gelb, Rot und Grün entsteht. An geeigneten Standorten breitet sich die Staude über Rhizome aus.

Gräser – Leichtigkeit und Bewegung

Zart im Wind schwingende Blätter oder Fruchtstände, die bei Raureif in der Sonne glitzern – Gräser sind immer schön und deshalb unverzichtbare Elemente im Blattschmuckgarten.
Gräser sind mehrjährige Pflanzen, und es gibt sie in allen möglichen Formen und Größen für beinahe alle Standorte. Manche bilden bescheidene Horste, die brav auf ihrem Standort bleiben, andere können mehr wuchern, als dem Gärtner lieb ist. Manche werden nicht einmal kniehoch, Steppengräser können einen Erwachsenen weit überragen. Trotz all dieser Unterschiede sind Gräser eindeutig zu erkennen: Ihre Blätter sind stets sehr schmal. Bei manchen kleinen Arten erscheinen sie fast rund wie ein dünner Strohhalm, größere haben auch schon einmal 2–4 cm breite Blätter. Die Stängel erscheinen erst zusammen mit den unscheinbaren Blüten. Dennoch gehören die zierlichen Ähren und Rispen mit teilweise Hunderten winzigen Einzelblüten untrennbar zum Charakter eines Grases. Sie beleben den Sommer, verfärben sich im Herbst, und bei vielen Arten machen die vertrockneten Blütenstände auch im Winter noch eine gute Figur.

Dynamische Elemente

Gräser sind »Blickpunkte in Bewegung«. Während bei zarten Exemplaren schon der leiseste Lufthauch ausreicht, um sie zum Schwingen zu bringen, ist bei robusteren Arten wie dem Bambus ein etwas stärkerer Wind erforderlich. Dank dieser Beweglichkeit wirken Gräser niemals starr, sondern stets leicht und fließend. Mit ihren sich fächerartig neigenden bis straff aufrechten Blättern lassen sich Gräser im Blattschmuckgarten vielfältig einsetzen. In einem Steppenbeet stellen sie die dominierende Pflanzengruppe. In einem Sonnenbeet beleben sie die Blattlandschaft – sogar im traditionellen Staudenbeet setzen sie markante Akzente. Große Arten wie das Pampasgras bilden im Einzelstand oder in einer Komposition unübersehbare Blickfänge. Gräser sind aber auch interessante Partner an halbschattigen oder schattigen Standorten unter Gehölzen, wo sie mit Waldstauden und Farnen faszinierende Gartenbilder ergeben.
Eine Sonderrolle kommt dem Bambus zu, der von bodendeckenden, kleinen Arten bis zu riesigen Exemplaren als Hecke, Kulisse oder in Strauchgruppen eingesetzt wird. Die meisten Bambusarten – bis auf Ausnahmen, die als Horste wachsen – gehören jedoch zu den aggressiven Vertretern ihrer Familie: Ohne eine Wurzelbarriere (Rhizomsperre) breiten sie sich hemmungslos im Garten aus.

Gräser, die ganzjährig Farbe bringen

▷ Fuchsrote Segge *Carex buchananii*

Höhe: *30–40 cm* **Breite:** *40–50 cm*
Diese Segge treibt mit fuchsroten, sehr schmalen Blättern aus, die ihre Farbe im Frühling und Sommer behalten. Obwohl die Blattfarbe im Winter ausbleicht, bildet diese Segge auch in der kalten Jahreszeit einen hübschen Anblick. Sie verträgt Sonne und Halbschatten und fühlt sich auf Gartenböden wohl, die weder austrocknen noch zu Staunässe neigen. In sehr kalten Regionen empfiehlt sich ein Winterschutz. Im Frühling schneidet man die alten Blätter ab. Wegen der kräftigen Blattfarbe sehen sie am besten zwischen grünlaubigen Stauden aus. 'Viridis' mit blassgrünen Blättern mit silbrigem Schimmer ist besonders interessant.

◁ Blaustrahlhafer *Helicotrichon sempervirens*

Höhe: *40–50 cm* **Breite:** *80–110 cm*
Der Blaustrahlhafer ist ein Gras der mediterranen Macchien. Im Garten fühlt er sich nur auf nährstoffarmen, sandigen bis steinigen Böden und in der prallen Sonne wohl. Der sicherste Platz ist ein trockener Hang in Südlage. Seine etwas steifen, blau-grünen Blätter neigen sich wie eine Fontäne schräg nach außen. Ab Juli werden die Blätter von den mehr als doppelt so hohen Blütenstängeln überragt. Da sie ins Gelbliche spielen und sich im Wind bewegen, bilden sie einen attraktiven Kontrast zu den Blättern. Die Sorte 'Pendula' hat elegante Blütenstände, 'Saphirsprudel' punktet mit blaugrauen Blättern.

▷ Moor-Pfeifengras *Molinia caerulea*

Höhe: *30–40 cm* **Breite:** *60–70 cm*
Im Lauf des Jahrs ist das Moor-Pfeifengras wenig spektakulär: Seine sehr schmalen Blätter sind unauffällig grün gefärbt, und es wächst in kuppelförmigen Horsten. Sobald jedoch die Tage kälter werden, färbt sich das Pfeifengras leuchtend goldgelb und sticht damit seine Nachbarn aus. Das Moor-Pfeifengras wächst in Sonne bis Halbschatten und braucht durchlässige, nicht austrocknende Böden. In einer flachen Heide, vor grünen oder blaugrünen Immergrünen oder vor Laubgehölzen mit roter Herbstfärbung hebt sich das gelbe Gras am besten ab.

Gräser als Blickpunkte

▷ Rutenhirse *Panicum virgatum*

Höhe: *90–100 cm* **Breite:** *60–100 cm*

Die Rutenhirse ist eine Präriepflanze, stammt aus Amerika und kann im Garten sowohl in einem prärieartigen Beet als auch im normalen Blattschmuckbeet als Kontrast zu polsterförmigen Stauden wachsen. Sie braucht einen guten, nährstoffreichen, lockeren Boden und einen Standort in der Sonne. Die Blütenstängel werden je nach Sorte über 2 m hoch. Besonders reizvoll sind 'Heavy Metal' mit metallisch grünem, 'Prairie Sky' mit blauem und 'Rotstrahlbusch' sowie 'Shenandoah' mit leuchtend rotem Laub. 'Cloud Nine', 'Red Cloud' und 'Warrior' verfärben sich im Herbst zusätzlich. Stärker ins Braunrote spielen 'Hänse Herms' und 'Rehbraun'. 'Strictum' wächst straff aufrecht.

◁ Rohrglanzgras *Phalaris arundinacea*

Höhe: *100–150 cm* **Breite:** *über 100 cm*

Obwohl die Wildform am Rand von Gewässern wächst, brauchen die Gartensorten nicht ständig im Wasser zu stehen. Ein sonniger oder leicht beschatteter Standort ist ideal. Werden die Blätter auf trockenen Böden braun, schneidet man alles ab, und die Staude treibt neu aus. Die interessanten Sorten zeichnen sich durch breite, grüne Blätter mit weißen Längsstreifen aus. 'Dwarf Garters' wird 60–80 cm hoch und wirkt aus der Entfernung fast weiß. *P. a.* var. *picta* hat weiße bis rosa Längsstreifen. Zu ihr gehört auch die Sorte 'Mervin Feesey' (40–70 cm) mit breitem weißem Längsstreifen und grünen Säumen. Das Rohrglanzgras ist ideal für Böden, die für andere Gräser zu feucht sind.

▷ Afrikanisches Federborstengras *Pennisetum setaceum*

Höhe: *80–90 cm* **Breite:** *80–90 cm*

Dieses sehr attraktive Federborstengras stammt aus Nordafrika und übersteht leider unsere kalten Winter nicht. Es muss entweder jedes Jahr neu gesät oder im Topf überwintert werden. Die sehr zarten, grünen Blätter färben sich im Herbst gelb bis orange. Das Gras sieht perfekt in Kombination mit anderen mediterranen Stauden aus, etwa im Hintergrund eines Gewürzbeets. Die bronzefarben getönten Ähren erscheinen ab August. Das winterharte Japanische Federborstengras *(P. alopecuroides)* ist kleiner. Die Sorte 'Compressum' gilt als besonders robust.

◁ Goldleistengras *Spartina pectinata*

Höhe: *140–160 cm* **Breite:** *90–120 cm*
Das Goldleistengras wächst in Sonne und Halbschatten auf normalen bis nassen Böden. Da es sich über Ausläufer kräftig ausbreitet, muss es entweder regelmäßig eingedämmt werden, indem man es mit dem Spaten absticht, oder durch eine Wurzelbarriere eingeengt werden. Die langen Blätter neigen sich elegant nach außen; sie färben sich im Herbst gelb. Zur Blütezeit werden sie von 150 cm hohen Halmen mit steifen Blütenständen überragt. Attraktiver als die Art ist die Sorte 'Aureomarginata' mit auffallend gelb gesäumten Blättern. Das Goldleistengras sollte mit anderen Gräsern oder in den Hintergrund einer Staudengruppe im lichten Baumschatten gepflanzt werden. Vorsicht: Kleine Kinder, die im Garten spielen, könnten sich an den sehr scharfen Blattkanten schneiden.

▷ Echtes Federgras *Stipa pennata*

Höhe: *25–30 cm* **Breite:** *30 cm*
Beim Federgras sind es ausnahmsweise nicht die Blätter, die den Schauwert ausmachen. Sie sind unscheinbar mittelgrün gefärbt, sehr dünn und wachsen als aufrechter Horst. Ab Juni bilden sich jedoch etwa 10 cm lange, schmale Blütenstände an 60 cm hohen Stängeln. Sie sind silbrig weiß und wirken wegen der langen, seidigen Grannen tatsächlich wie Federn, die im Wind schwingen. Das Federgras braucht einen sonnigen Standort mit durchlässigem, steinigem Boden – ideal für Heiden, den Hintergrund von Steingärten oder an einem nach Süden weisenden Platz vor immergrünen Gehölzen. Eine breitere Sortenauswahl hat das ähnliche Silber-Ährengras *(S. calamagrostis)* zu bieten, das allerdings mehr als doppelt so hoch wird. Besonders auffällige Blütenstände hat die Sorte 'Lemperg' zu bieten.

Sie überragen alles: Riesengräser

▷ Pampasgras *Cordaderia selloana*

Höhe: *120–240 cm* **Breite:** *80–140 cm*

Das Pampasgras wird wegen seiner enormen weißen bis cremefarbenen Blütenstände geschätzt, die wie hängende Staubwedel aussehen. Sie zeigen sich von September bis Oktober. In vielen Gärten wird es wegen seiner Größe als Solitär präsentiert. Noch besser wirkt es im Hintergrund von Beeten, wo die wenig spektakulären Blätter im Sommer von anderen Stauden verdeckt werden. Pampasgras braucht sonnige, trockene Standorte und muss im Winter vor Frost geschützt werden. Für kleinere Gärten eignen sich die Sorten 'Pumila' oder 'Sunningdale Silver'.

◁ Riesen-Segge *Carex pendula*

Höhe: *50–60 cm* **Breite:** *70–80 cm*

Die Riesen-Segge ist zwar nicht ganz so riesig, wie der Name vermuten lässt, bietet aber viele Vorteile: Sie verträgt kalte Winter, schattige Plätze und feuchte bis nasse Böden. Sogar verdichtete Böden machen ihr nichts aus. Die langen Blätter neigen sich elegant nach außen und bleiben den Winter über grün. Ab Juni sorgen die etwa 1 m hohen Stängel mit langen, hängenden Blütenständen für zusätzlichen Reiz. Als Waldgras passt die Riesen-Segge bestens in einen naturnahen Garten zwischen höhere Gehölze. Da sie nicht wuchert, kann man sie mit praktisch allen Waldstauden kombinieren.

▷ Bambus *Fargesia muriliae* 'Standing Stone'

Höhe: *300–400 cm* **Breite:** *100–200 cm*

Fargesia ist eine horstig wachsende Bambusart, breitet sich also nicht aggressiv über Ausläufer aus. Trotz seiner Größe ist dieser Bambus auch für kleine Gärten geeignet, wo er im Halbschatten einer Ecke ein guter Gehölzersatz ist. Achten Sie beim Pflanzen auf einen lockeren Boden und während der heißen Jahreszeit auf regelmäßige Bewässerung. Die großen, verholzten und verzweigten Halme wachsen zunächst aufrecht, neigen sich im Alter aber locker zur Seite. Die grünen Blätter schimmern in der Sonne silbrig bis grau. *Fargesia* kann im Einzelstand, als Hecke, in einer kleinen Gehölzgruppe oder in einem großen Kübel präsentiert werden.

▷ Bambus *Phyllostachys humilis*

Höhe: *200–400 cm* **Breite:** *200–400 cm*
Phyllostachys ist ein sehr wüchsiger Bambus, der sogar starken Rückschnitt verträgt und sich immer wieder regeneriert. Um seine Ausbreitung zu stoppen, muss er allerdings innerhalb einer Rhizomsperre oder im Kübel gepflanzt werden. Er eignet sich als dekorative Solitärpflanze, als Hecke oder als Bestandteil einer größeren Gehölzgruppe. Die dicht an dicht stehenden Halme mit gerade abstehenden Seitentrieben bilden ein wahres Dickicht. Die einheitlich grünen, länglichen Blätter stehen an olivgrünen Halmen. *Phyllostachys* sollte ab und zu ausgelichtet werden, damit er seine Wüchsigkeit behält. Er ist mit mehreren Sorten im Handel.

◁ Chinaschilf *Miscanthus sinensis* 'Flamingo'

Höhe: *100 cm* **Breite:** *100 cm*
Im Unterschied zu 'Zebrinus' blüht 'Flamingo' im September mit rosa getönten Blütenständen, die bis 200 cm hoch werden. Auch bei ihr neigen sich die Blätter elegant nach außen, und die Anforderungen an Standort und Boden sind ähnlich. Gute Gartencenter haben weitere Sorten im Angebot, die sich im Wesentlichen in der Höhe und Üppigkeit der Blütenstände sowie in Größe und Färbung der Blätter unterscheiden. Da alle ähnliche Standortbedingungen brauchen, entscheiden bei der Auswahl ästhetische Kriterien. Lassen Sie die Horste und Blüten im Herbst stehen, sie sehen auch im Winter hübsch aus.

▷ Chinaschilf *Miscanthus sinensis* 'Zebrinus'

Höhe: *100 cm* **Breite:** *100 cm*
Das Chinaschilf braucht einen sonnigen Standort mit nährstoffreichem Boden. 'Zebrinus' blüht nur selten und nicht sehr spektakulär. Dafür ist das Gras aber winterhart. Die relativ breiten Blätter tragen unregelmäßig verteilte, gelblich-weiße Streifen. Da sie breit nach außen überhängen, entsteht ein sehr bewegtes Bild, das durch ruhigere Nachbarn gedämpft werden sollte. Als Solitär oder im Kübel kommt 'Zebrinus' noch besser zur Geltung. Sorten wie 'Aethiopien', 'Ferner Osten', 'Flamingo' und 'Ghana' zeichnen sich durch attraktive Herbstfärbung aus, 'Goldfeder' durch panaschiertes Laub.

Bodendeckende Gräser

◁ **Japan-Goldsegge** *Carex oshimensis* 'Evergold'

Höhe: *40–50 cm* **Breite:** *40–50 cm*
Diese immergrüne Segge ist kein Gras für das sonnige Staudenbeet. Ihr Platz ist der lichte Gehölzschatten auf relativ trockenen Böden. In ihrer japanischen Heimat wächst sie in trockenen Wäldern. Damit passt sie wunderbar in ein naturnahes Arrangement zwischen Gräser und Stauden für halbschattige Steingärten. Vor allem verleiht sie den trockenen Zonen vor Mauern oder Gebäuden mehr Farbe. Die schmalen, zierlichen Blätter sind goldgelb und weiß gestreift. Ab Juni wird das Gras von unscheinbar braunen Ähren an schlanken Stängeln überragt.

▷ **Blau-Schwingel** *Festuca glauca*

Höhe: *20–30 cm* **Breite:** *20–30 cm*
Der Blau-Schwingel ist ein Klassiker, der sonnige Standorte auf durchlässigen bis steinigen Böden liebt. Auf normalen Gartenböden wächst er nur eingeschränkt und geht bei Winternässe sogar ein. Bereiten Sie auf Hanggrundstücken seine Pflanzstellen mit Sand und Kies für guten Wasserabzug vor oder pflanzen Sie ihn in Kübel oder Tröge. Seine sehr schmalen, in der Sonne blau schimmernden Blätter werden von Juni bis Juli von zarten Blütenrispen überragt (40 cm). Es gibt mehrere Sorten, vor allem die intensiv blau gefärbten Sorten der Glauca-Ovina-Gruppe sind interessant.

◁ **Bambus** *Sasa veitchii*

Höhe: *50–100 cm* **Breite:** *beliebig, bodendeckend*
Sasa ist eine stark ausläufertreibende Bambusart, die man nur mit einer robusten Rhizomsperre unter Kontrolle bringt. Da sie Standorte zwischen Sonne und Schatten besiedelt, eignet sich dieser vielseitige Bambus als Bodendecker zwischen Bäumen, Sträuchern oder als Bodenbewuchs vor einem kletternden Efeu – in kleineren Gärten setzt man ihn besser in einen Kübel. In der warmen Jahreszeit sind die Blätter einheitlich olivgrün; im Herbst verlieren die Blattränder das Chlorophyll, sodass jedes Blatt von einem weißen Streifen umrandet ist. Der attraktive Blattschmuck bleibt auch im Winter erhalten. Die alten Triebe schneidet man im Frühling ab, damit die Pflanze neu austreiben kann.

◁ **Schwarzer Schlangenbart** *Ophiopogon planiscapus* 'Nigrescens'

Höhe: *40–50 cm* **Breite:** *40–50 cm*
Auch wenn uns die langen, schmalen Blätter ein Gras vorspiegeln wollen – der Schlangenbart ist eng mit den Maiglöckchen verwandt. Im Garten übernimmt er dennoch die Aufgabe eines Grases. Er braucht feuchte Humusböden und Halbschatten, dann breitet er sich bodendeckend über Ausläufer aus, verdrängt aber keine anderen Pflanzen. Seine fast schwarzen Blätter bilden einen wunderschönen Kontrast zu gelbem oder sehr hellgrünem Laub. Gelb panaschierte oder blaublättrige Funkien sagen ihm als Partner besonders zu.

▷ **Japanisches Waldgras** *Hakonechloa macra*

Höhe: *40–60 cm* **Breite:** *40–50 cm*
Wenn das japanische Waldgras die ersten Winter mit Winterschutz überstanden hat, kommt es mit unserem Klima bestens zurecht. Es wächst auf jedem normalen Gartenboden in der Sonne oder im Halbschatten. Die Qualität des Grases ist sein außerordentlich dichter Wuchs. Es sorgt für gute Bodendeckung und lässt sich als Gruppe oder Grasband pflanzen, das sich zwischen Sträuchern verliert. Interessante Sorten sind 'Allgold' mit grüngelbem oder 'Albovariegata' mit weiß gestreiftem Laub, 'Aureola' mit goldbunten Blättern sowie 'Silverstripes' mit cremegelben Blättern mit grünem Rand.

◁ **Teppich-Segge** *Carex siderosticha*

Höhe: *20–30 cm* **Breite:** *30–40 cm*
Die Teppich-Segge hat für eine Segge ungewöhnlich breite Blätter, die allerdings meist nicht wintergrün bleiben; im Herbst zieht sich die Pflanze zurück. Im Frühling treibt der Horst mit roten Blütenständen wieder aus. Schöner als die Art sind die Sorten. Regelmäßig findet man in Gartencentern 'Variegata' mit hellgrünen Blättern mit unregelmäßigen, cremeweißen Längsstreifen. Sie passt in Größe und Farbe sehr gut zu Funkien, da sie ähnliche Ansprüche stellt. Auch in einem Waldbeet zwischen Farnen oder heimischen Gräsern wie *Luzula* wirkt sie sehr natürlich. Flacher wachsen bunte Sorten wie 'Kisukaido' oder 'Shima Nishiki'.

Farne – elegante Alleskönner

Farne sind die Könige des Halbschattens. Sie sind robust und zierlich, stattlich und auf unaufdringliche Art bescheidener als Prachtstauden. Farne bilden eine eigenständige Gruppe des Pflanzenreichs. Sie wuchsen schon lange vor den Blütenpflanzen auf der Erde und sind bis heute erfolgreiche Überlebenskünstler. Im Gegensatz zu den übrigen Pflanzen bilden Farne keine Blüten, sondern pflanzen sich durch Sporen fort – das macht sie zu erstklassigen Kandidaten für den Blattschmuckgarten.

Vielfalt in Grün

Im Blattschmuckgarten spielen Farne im halbschattigen bis schattigen Bereich in der ersten Liga. Sie sind äußerst variabel in der Wuchsform und vor allem in der Gestalt ihrer Wedel. Das Spektrum reicht von glänzend grünen Zungen über daumennagelgroße Fiederchen bis hin zu den mächtigen, meterlangen Wedeln der großen Farne.
Bei der Gestaltung einer Blattschmuckgruppe kommen Farne am schönsten in der Gemeinschaft mit anderen Farnen und Stauden zur Geltung. Die weit ausgebreitet wachsenden Arten wie Trichterfarn oder Frauenfarn lassen sich als einzeln stehende Blickfänge in deutlichem Formkontrast mit flachen Bodendeckern, Gräsern oder Waldstauden zu hübschen, naturnahen Gruppen kombinieren. Der riesige Königsfarn kann sogar mit Sträuchern konkurrieren. Auch farblich ergeben sich attraktive Kombinationen, weil Farne fast durchweg mittelgrün gefärbt sind und sich lebhaft von panaschierten Stauden oder Gräsern absetzen. Besonders faszinierend ist die filigrane Gestalt der Farne. Selbst Arten mit mächtigen, ausladenden Wedeln wirken nie wuchtig und schwer, sondern transparent und elegant. Es ist ohne Weiteres möglich, ein Farnbeet nur mit den unterschiedlichen Farnpersönlichkeiten zu gestalten – vielleicht mit einem gelb gestreiften Gras oder einer panaschierten Funkie als farbigem Mittelpunkt.

Gute Pflege von Anfang an

Fast alle Farne brauchen lockere, humusreiche Böden und geschützte Plätze. Sie können sich an Stellen, die ihnen zusagen, bestens ausbreiten und etablieren. Sorgen Sie beim Pflanzen für gute Startbedingungen: Lockern Sie das Pflanzloch tief und gründlich auf und reichern Sie den Aushub mit Kompost an. Stark über Ausläufer wuchernde Arten wie der Trichterfarn werden durch eine Rhizomsperre in ihrer Verbreitung gehemmt. Da die meisten Arten winterhart sind, beschränkt sich die Pflege auf den Rückschnitt der Wedel im Herbst oder Frühling. Mulchen Sie die Flächen um die Farne mit Laub oder Gartenkompost, und achten Sie darauf, dass der Boden im Sommer nicht austrocknet. An sehr heißen Tagen sind die Farne für ein Sprühbad dankbar.

Links: *Im Gegenlicht leuchten die trichterförmigen Horste des Straußenfarns in zartgrünem Pastellton.*

Farne – Vielfalt ohne Blüten

▷ Pfauenradfarn *Adiantum pedatum*

Höhe: *40–60 cm* **Breite:** *40–60 cm*

Der Pfauenradfarn gehört zu den zierlichen Vertretern seiner Gruppe. An langen, drahtigen, fast schwarzen Stielen sitzen paarweise Blättchen, die an die Tragflächen eines Flugzeugs erinnern. Der Farn kommt besonders wirkungsvoll zur Geltung, wenn er als kleine Gruppe im Halbschatten oder Schatten von Gehölzen wächst. Im Hintergrund bildet er aufgelockerte grüne Kulissen. Am Rand einer Natursteinmauer neigen sich die Wedel elegant über die Mauerkante. Der Pfauenradfarn hat einen kriechenden Wurzelstock und breitet sich auf feuchten Böden flächenhaft aus; er kommt ohne Winterschutz aus.

◁ Japanischer Frauenfarn *Athyrium niponicum*

Höhe: *30–45 cm* **Breite:** *40–70 cm*

Der Japanische Frauenfarn ist winterhart, leidet aber unter Spätfrösten. In kalten Regionen empfiehlt sich nach dem Rückschnitt im Herbst ein Winterschutz aus Laub und Reisig oder ein windgeschützter Standort. Der Farn treibt erst relativ spät aus. Er ist wegen der unregelmäßigen, metallisch-silbrigen Wedel ein echter Hingucker. An geeigneten Stellen breitet er sich über Ausläufer aus. Seine Schönheit prädestiniert ihn als Blickpunkt in einem Waldbeet. Oft wird nur die Sorte 'Pictum' angeboten, die etwas stärker wächst und kräftig bräunlich bis graugrün ist.

▷ Hirschzungenfarn *Asplenium scolopendrium*

Höhe: *30–60 cm* **Breite:** *40–70 cm*

Der Hirschzungenfarn ist auch unter dem Namen *Phyllitis scolopendrium* im Handel. Seine langen Wedel sind einteilig und erinnern in der Tat an eine Zunge. Der gewellte Rand gibt jedem Wedel ein individuelles Aussehen. Bei Sorten wie 'Crispum' oder 'Undulata' ist der wellige Rand noch stärker ausgeprägt. Das Muster der Sporenbehälter auf der Blattunterseite zeigt sich besonders hübsch im Gegenlicht. Der Hirschzungenfarn verträgt keine direkte Sonne, kann aber bei genügender Luftfeuchtigkeit durchaus vor Gehölzen im lichten Halbschatten wachsen. In der Gruppe braucht er Partner, die sich in Höhe oder Wuchsform von ihm unterscheiden. Er ist nicht völlig winterhart und sollte in rauen Regionen locker abgedeckt werden.

Farne – von zierlich bis üppig

◁ Wald-Frauenfarn *Athyrium filix-femina*

Höhe: *40–120 cm* **Breite:** *40–120 cm*

Der Wald-Frauenfarn hat die Wälder der gesamten Nordhalbkugel erobert – warum nicht auch das Farnbeet im Garten? Er braucht im Idealfall halbschattige bis schattige Standorte, verträgt bei genügend Bodenfeuchte aber auch direkte Sonne (aber keine Südlagen) und ist mit so gut wie allen Gartenböden zufrieden. Seine üppigen, vielfach zerteilten Wedel passen zwischen Gehölze, in Farnbeete oder als Kulisse von Waldpflanzen. Auch als Uferpflanze an einem Gartenbach sorgt er für ein naturnahes Bild. Neben der Art sind viele Sorten im Handel, die sich in der Form der Wedel unterscheiden – vor dem Kauf sollte man sich möglichst ein ausgewachsenes Exemplar ansehen.

▷ Goldschuppenfarn *Dryopteris affinis*

Höhe: *80–150 cm* **Breite:** *80–150 cm*

Der Goldschuppenfarn gleicht dem Wurmfarn (*D. filix-mas*), hat aber größere, bis zu 1 m lange, üppigere Wedel mit dunkler gefärbten, schuppigen Stielen. An geschützten Stellen mit Halbschatten, humusreichem, feuchtem Boden und hoher Luftfeuchtigkeit bleibt er wintergrün. Die alten Blätter schneidet man im Frühjahr vor dem neuen Austrieb ab. Dieser Farn ist perfekt für den Waldgarten, macht sich aber auch bestens zwischen Schattengräsern oder Waldstauden. Die Sorte 'Crispum' hat nur 50 cm lange Wedel mit stark gekräuselten Fiedern, 'Cristata' zeichnet sich durch elegante, regelmäßige Wedel aus.

◁ Braunstieliger Streifenfarn *Asplenium trichomanes*

Höhe: *15–20 cm* **Breite:** *30–40 cm*

Der Streifenfarn gehört zu den besonders bescheidenen und vielseitigen Farnen. Bis zu 40 winzige, runde Blättchen reihen sich entlang einer dunklen Blattspindel auf. Er ist wintergrün und wächst auf wirklich allen Böden, sogar in Pflanztaschen zwischen den Steinen einer Trockenmauer. Bei ausreichender Feuchte verträgt er etwas Sonne, gedeiht aber am besten im Halbschatten zwischen Steinen oder flachen Polsterpflanzen. In einer dicht bepflanzten Gruppe geht er unter. Interessant ist die Sorte 'Incisum' mit tief eingeschnittenen Blättchen.

▷ Strauchveronika *Hebe × andersonii* 'Variegata'

Höhe: *200 cm* **Breite:** *200 cm*
Die panaschierte Strauchveronika ist ein immergrüner, dicht belaubter Strauch. Ihre länglichen, ledrigen, grünen Blätter sind im Zentrum graugrün gefärbt und haben einen weißen Rand. Obwohl die Pflanzen etwas Kälte vertragen, sollten sie nur im Kübel ins Freie und im Winter an einem kühlen Platz im Haus stehen. Ihre gleichmäßige, dichte Wuchsform macht die Strauchveronika zu einem Ruhe ausstrahlenden Element. Paarweise kann sie einen Durchgang einrahmen. Sie braucht einen sonnigen Standort und muss regelmäßig, aber nicht zu reichlich gegossen werden.

◁ Mariendistel *Silybum marianum*

Höhe: *100–150 cm* **Breite:** *60–90 cm*
Die Mariendistel ist eine zweijährige Pflanze aus dem Mittelmeerraum, die an eine Distel erinnert. Sie ist eine alte Heilpflanze. Ihre dunkelgrünen, bis 50 cm langen Blätter tragen eine auffallende, weiße Aderzeichnung; die gewellten Blattränder sind mit Stacheln bewehrt. Mariendisteln geben sich mit jedem durchlässigen Gartenboden und einem sonnigen Standort zufrieden. Sie fügen sich als Blickpunkte gut in mediterrane oder silberfarbene Beete, aber auch zwischen Gräser in Steppengärten ein. Den Winter zum zweiten Jahr – erst dann erscheinen die Blütenköpfe – überstehen sie gut.

▷ Westindisches Blumenrohr *Canna*-Indica-Gruppe

Höhe: *70–150 cm* **Breite:** *60–80 cm*
Mit dem Blumenrohr setzen Sie einen tropisch-exotischen Akzent. Die meisten Sorten haben grüne, 50–80 cm lange Blätter mit deutlich sichtbaren Blattrippen. Für den Blattschmuckgarten sind Sorten mit farbigen Blättern noch attraktiver – etwa 'Tropicanna', 'Wyoming' oder 'Black Knight' mit rötlichen Blättern. Kaufen Sie aber nur Containerpflanzen, bei denen die Blätter erkennbar sind, denn die Schilder zeigen meist nur die prachtvolle Blüte. Cannas sind nicht winterhart; man gräbt die Knolle entweder aus und überwintert sie trocken oder in einem Container. Das Blumenrohr braucht Wärme, nährstoffreiche Böden und sollte regelmäßig gegossen werden.

Buntnesseln für Experimentierfreudige

◁ **Buntnessel** *Solenostemon scutellarioides* 'Wizard'-Serie

Höhe: *20–30 cm* **Breite:** *20–40 cm*

Die 'Wizard'-Serie besteht aus niedriger wachsenden, reich verzweigten Züchtungen. Das Bild zeigt die Sorte 'Wizard Pineapple'. Die Blattfarben der einzelnen Sorten sind sehr unterschiedlich. Buntnesseln werden zwar auch als Samen angeboten, doch der sichere Weg führt über vorgezogene Exemplare – nur dann können Sie die verschiedenen Wuchsformen und Blattfarben vor dem Kauf in Ruhe betrachten und die für Ihre Zwecke geeigneten Sorten auswählen. Alle Buntnesseln wachsen am besten im hellen Schatten. Sowohl in der prallen Sonne als auch im Schatten bleichen sie aus. Die niedrigen 'Wizard'-Sorten passen in den Vordergrund oder in Gruppen in größere, flache Pflanzgefäße.

▷ **Buntnessel** *Solenostemon scutellarioides* 'Dipt in Wine'

Höhe: *30–60 cm* **Breite:** *20–50 cm*

Sorten wie 'Dipt in Wine' zeichnen sich durch Blätter aus, die mehrfarbige Muster bilden. Bei dieser Sorte kontrastiert die rote Grundfarbe mit einer gelben Blattbasis und gelben Blatträndern. In einer Gruppe wirken stark gemusterte Sorten leicht etwas verwirrend. Um eine maximale Wirkung zu erzielen, pflanzt man zwei bis drei Exemplare sehr dicht zusammen und betont sie durch einfarbige Nachbarn in einer der Blattfarben. Auch in erhöhter Stellung in einem hübschen, aber schlichten Pflanzgefäß sehen solche Sorten gut aus.

◁ **Buntnessel** *Solenostemon scutellarioides* rote Sorten

Höhe: *30–60 cm* **Breite:** *20–50 cm*

Das Angebot an roten Buntnessel-Sorten ist recht hoch, ändert sich aber häufig. Die Blätter sind jedoch selten durchgängig rot, sondern meist durch gelbe oder grüne Muster gezeichnet. Versuchen Sie, möglichst reinrote Sorten zu erwerben. Sie bieten innerhalb vorwiegend grün gehaltener Blattschmuckbeete fantastische Gestaltungsmöglichkeiten: Setzen Sie die roten Sorten als rhythmische Farbflecken in Form von Inseln ein, oder pflanzen Sie einen »Strom« aus roten Farben, der zwischen anderen Stauden »fließt«. Helleres Rot, beispielsweise das der kupfer-orangeroten 'Copper Glow' wirkt lebhafter als dunklere Töne.

◁ **Buntnessel** *Solenostemon scutellarioides* 'Kiwi Fern'

Höhe: *30–60 cm* **Breite:** *20–50 cm*

Die Sorte 'Kiwi Fern' gehört zu den ungewöhnlichen Blattgestalten im breiten Angebot der Buntnesseln. Die Pflanzen mit den tief eingeschnittenen, an Farnwedel erinnernden Blätter sind leider nur selten im Handel zu bekommen. Doch lohnt es sich unbedingt, nach solchen Kostbarkeiten Ausschau zu halten. Da sie innerhalb eines dicht bepflanzten Beets leicht übersehen werden, sollten sie am Beetrand oder auf der Terrasse in einem angemessenen Pflanzgefäß im Einzelstand präsentiert werden. Wie alle Buntnesseln braucht auch diese Sorte lehmigen Boden und muss regelmäßig gedüngt werden.

▷ **Buntnessel** *Solenostemon scutellarioides* 'Palisandra'

Höhe: *30–60 cm* **Breite:** *30–60 cm*

Sorten mit sehr dunklen bis fast schwarzen Blättern, wie 'Palisandra' (dunkelpurpurn), 'Black Night' (braun mit gelbem Saum), 'Black Prince' (fast schwarz) oder 'Dark Red' (schwarzrot), brauchen helle Nachbarn, um vorteilhaft zur Geltung zu kommen. Das kann für extreme Kontraste ein helles Grün bis Gelb sein, schwächer ausgeprägte Kontraste erzielen Sie mit Rottönen, die in hellerem Ton die Grundfarbe der dunklen Blätter wiederholen. Da es nicht ganz einfach ist, die Wirkung solcher Farbkontraste zu beurteilen, sollten Sie auf Nummer sicher gehen: Pflanzen Sie die Buntnesseln nicht sofort in die Erde, sondern stellen Sie sie im Topf ins Beet. So können Sie ihre Wirkung eine Zeit lang begutachten und prüfen, ob Ihnen die Farbkombination zusagt.

Kurzlebige Pflanzen in edlem Grau

▷ Silberkopf *Leucophyta (Calocephalus) brownii*

Höhe: *40–75 cm* **Breite:** *40–90 cm*

Der Silberkopf ist eine australische, nicht winterharte Pflanze. Ihre nur 5 mm langen Blättchen liegen eng am Spross angedrückt, sodass die ausgewachsene Pflanze wie ein silbergraues, flaumiges, blattloses Zweiggerüst wirkt. Sie kann im Garten nur im Kübel oder in einem Container überleben, der im Haus überwintert und nach den letzten Spätfrösten (ab Mai) ins Beet eingegraben wird. Der Silberkopf braucht Standorte in der prallen Sonne und trockene Böden. Seine ungewöhnliche Gestalt macht ihn zu einem bizarren Blickpunkt in pastellfarbenen oder silbrigen, mediterranen Beeten. Form und Farbe setzen aber auch neben dunkelgrünen Polsterstauden auffallende Akzente.

◁ Silberstrohblume *Helichrysum petiolare*

Höhe: *40–50 cm* **Breite:** *bis 2 m*

Die Silberstrohblume ist ein Strauch mit immergrünen Blättern. Da sie den Winterfrost nicht übersteht, kann sie mehrjährig nur im Kübel oder als eingegrabene Containerpflanze im Garten wachsen. Silberstrohblumen brauchen volle Sonne und gut durchlässigen, sandigen Boden. Sie wachsen flach und eignen sich bestens für Steingärten oder die Krone von Trockenmauern. Mit den dicht grauwollig behaarten, rundlichen Blättern passen sie auch gut in ein mediterranes Kräuterbeet. Die Sorten 'Roundabout' und 'Variegatum' haben panaschierte Blätter.

▷ Tianshan-Strohblume *Helichrysum thianschanicum*

Höhe: *20–40 cm* **Breite:** *30–40 cm*

Auch die Tianshan-Strohblume ist allenfalls eingeschränkt winterhart. Sie fühlt sich an sonnigen Standorten und auf sandigen, durchlässigen Böden wohl und ist deshalb ideal für Steingärten oder trockene Steppengärten. Die gesamte Pflanze ist von wolligen Haaren bedeckt und sieht in der Sonne grünlich-weiß bis hellgrau aus. Im Unterschied zur Silberstrohblume hat sie sehr schmale Blätter, wächst kompakter und breitet sich nicht so stark aus. Im Sommer zeigen sich gelbe Blütenköpfchen. Im Handel wird meist die Sorte 'Goldkind' angeboten, die nach Liebstöckel (Maggi) riecht.

▷ Silberblatt-Salbei *Salvia argentea*

Höhe: *60–70 cm* **Breite:** *50–60 cm*
Der Silberblatt-Salbei erinnert auf den ersten Blick an einen silbrigen Blatthaufen. Er stammt, wie der Gewürzsalbei, aus dem Mittelmeergebiet, hat aber etwa 20 cm lange, rundliche Blätter, deren runzlige Oberflächen mit langen, silbrig-wolligen Haaren bedeckt sind. Er braucht trockenen Boden und einen Platz in der Sonne. Blüten bildet er erst im zweiten Jahr. Schneidet man die Blüten rechtzeitig ab, lebt die Pflanze länger. Die dichte Blattrosette aus teilweise aufrechten Blättern – als Inseln zwischen Gräsern oder höheren Stauden gepflanzt – passt zu Polsterpflanzen, schmalen hohen Formen oder in ein mediterranes silberfarbenes Beet.

◁ Silber-Greiskraut *Senecio cineraria (S. bicolor)*

Höhe: *15–40 cm* **Breite:** *40–60 cm*
In seiner mediterranen Heimat wächst das Silber-Greiskraut als Strauch, nördlich der Alpen nur als einjährige Pflanze. Es ist ein Klassiker der Parkbeete, wo es meist als Grenzlinie zwischen bunten Sommerblumen gepflanzt wird. Im Blattschmuckgarten nutzt man die Kontrastwirkung der silbrig grauen, tief eingeschnittenen Blätter besser für Kombinationen mit einfachen, großen, grünen Blättern. Pflanzen Sie das Silber-Greiskraut zu je zwei bis drei Exemplaren als rhythmisch wiederkehrende Silberinseln ins Beet. Die Sorten unterscheiden sich in der Form der Blätter und in der Wuchshöhe. 'Silberzwerg' wird beispielsweise nur 15–20 cm hoch.

▷ Seidenhaar-Königskerze *Verbascum bombyciferum*

Höhe: *150–200 cm* **Breite:** *50–70 cm*
Diese zweijährige Pflanze sorgt in jedem Beet für Höhe – sofern der Standort sonnig und der Boden durchlässig und trocken ist. Die dem Boden anliegende Blattrosette aus 30–40 cm langen, weißfilzig behaarten Blättern (→ Abb.) sieht schon im ersten Jahr attraktiv aus. Im zweiten Jahr kommt der enorme Blütenstand hinzu, dessen Blätter deutlich kleiner bleiben. Außerdem ist die gesamte Pflanze von einem weißen Filz überzogen. Die Königskerze passt in große Steingärten und noch besser zwischen Präriegräser; die Blattrosette bleibt im Winter erhalten. Wählen Sie den Standort so, dass die Blattrosette gut sichtbar ist.

Palmen und Palmenartige

Bei Palmen denkt man fast automatisch an Sonne, Sand und Südsee. Wäre es nicht reizvoll, dieses Flair in den eigenen Garten zu holen?
Natürlich ist es kaum möglich, viele dieser attraktiven Gewächse nördlich der Alpen zu kultivieren – außer im Gewächshaus. Doch es gibt einige echte Palmen, die sich – etwas Aufwand vorausgesetzt – durchaus auch in unseren Breiten wohlfühlen. Manche Arten kommen von Natur aus nördlich bis ans Mittelmeer vor und vertragen sogar etwas Schnee.

Exotisch und doch harmonisch

So schön sie sind – Palmen und palmenähnliche Pflanzen werden in einem normalen Staudenbeet zwischen blühenden Iris, Rittersporn & Co. leicht zum Fremdkörper. Das ist im Blattschmuckgarten anders: Die riesigen, attraktiv geformten, fächerartigen Blätter einer Palme wirken zwischen Blattschmuckpflanzen zwar exotisch, aber keineswegs unpassend: Sie fügen dem grünen Bild aus Blättern nur eine weitere, spannende Facette hinzu.
Auf den folgenden Seiten werden einige Palmenarten vorgestellt, die sich gut für einen Versuch im Garten eignen. Darüber hinaus können Sie natürlich auch Zimmerpalmen nach dem letzten Frost samt Topf ins Freie stellen – als einzelnen Blickfang auf den Rasen, die Terrasse oder mitten in ein Blattschmuckbeet. Daneben finden Sie in diesem Kapitel einige palmenähnliche Arten wie Bananen oder Neuseeländer Flachs. Sie wurden ausgewählt, weil ihre Blätter ähnlich starr und exotisch wirken wie die Wedel der Palmen.

Standort und Überwinterung

Damit sich Palmen & Co. wirklich wohlfühlen, brauchen sie einen Standort in der Sonne, allenfalls im lichten Schatten eines größeren Baums. In kleinen Gärten ist es sinnvoller, Palmen in einem attraktiven Kübel als Einzelpflanze zum Blickpunkt zu machen, statt sie in ein größeres Beet zu integrieren.
Es wäre vermessen, Palmen wie normale, winterharte Gehölze zu behandeln. Ohne einen Raum, in dem sie den Winter geschützt vor tiefen Frosttemperaturen überstehen, geht es nicht. Es muss allerdings nicht ein Wintergarten sein – ein kühler Flur oder ein Platz im Treppenhaus, die auch in der dunklen Jahreszeit genügend Licht bekommen, tun es auch. Und wer nicht gerade in einer Region lebt, in der wochenlang mit Temperaturen unter -10 °C zu rechnen ist, kann sich sogar mit einem improvisierten Gewächshaus aus einem Lattengerüst und einer Luftfolie behelfen.
Berücksichtigen Sie vor dem Kauf einer Palme die räumlichen Gegebenheiten: Sie müssen die schweren Kübel im Frühjahr bzw. Herbst aus dem Winterquartier aus- und wieder einräumen. Bevorzugen Sie deshalb Palmen im Kunststoffcontainer: Sie sind merklich leichter als Exemplare in schweren Tontöpfen.

Links: *Bananen wachsen im Sommer auch bei uns problemlos im Freien. Sie setzen spektakuläre Akzente.*

Echte Palmen

▷ Zwergpalme *Chamaerops humilis*

Höhe: *bis 3 m* **Breite:** *Krone 1–1,5 m*
Die Zwergpalme ist eine der beiden europäischen Palmenarten. In Spanien wächst sie sogar auf Hängen mit Winterschnee. Nördlich der Alpen kann sie im Freien jedoch nur mit einem guten Winterschutz überleben. Angeblich halten gut eingewöhnte Exemplare aber sogar Kältegrade bis -14 °C aus. Da die Zwergpalme mehrere Stämme bildet, wirkt sie wegen der auf verschiedenen Höhen stehenden Blätter wie ein kompakter Busch aus aufgefächerten Blättern. Sie bildet im Kübel einen wirkungsvollen Eyecatcher im Beet oder auf der Terrasse, braucht aber einen Standort in der Sonne. Vorsicht: Die Blattstiele tragen spitze Stacheln!

◁ Chinesische Hanfpalme *Trachycarpus fortunei*

Höhe: *bis 12 m* **Breite:** *Krone 3–4 m*
Im Kübel wird die Hanfpalme selten höher als 2–3 m. Sie ist recht robust – in Großbritannien oder der Bretagne wächst sie sogar ganzjährig im Freiland, verträgt aber keinen Dauerfrost. In unseren Breiten braucht sie einen vollsonnigen Standort, und spätestens im Frühwinter gehört sie in ein 5 °C kühles Winterquartier. Ihre Größe und der dichte Blattschopf aus lang gestielten, fächerförmigen Blättern machen sie zu einem Star im Garten. Zusammen mit der Zwergpalme lassen sich sogar kleine Palmenhaine zusammenstellen.

▷ Kanarische Dattelpalme *Phoenix canariensis*

Höhe: *bis 20 m* **Breite:** *Krone 6–10 m*
Die Kanarische Dattelpalme erreicht im Kübel selbstverständlich nicht dieselben Dimensionen wie am Naturstandort, sondern bleibt wesentlich kleiner. Kaufen Sie diese Palme unbedingt in einem renommierten Gartencenter. Der etwas höhere Preis wird durch die Qualität und die Beratung mehr als wettgemacht. Schließlich sind Palmen langlebig, und ein beim Kauf 1–2 m hohes Exemplar bietet für viele Jahre »Tropenfeeling«, ohne sämtliche Kübel zu sprengen. Die Palme braucht einen sonnigen Standort und muss im Winter ins Haus. Bei gutem Schutz des Kübels ist sie bis -10 °C frosthart. Die Zwerg-Dattelpame *(P. roebelenii)* bleibt mit 150–200 cm deutlich kleiner.

Palmen & Co.

◁ **Washingtonie** *Washingtonia filifera*

Höhe: *bis 15 m* **Breite:** *Krone 4–5 m*

Das Besondere der Washingtonie sind die abgestorbenen Blätter der Vorjahre, die den oberen Teil des Stamms wie ein Mantel umhüllen. Diese Palme verträgt keine Wintertemperaturen und muss an einem kühlen Platz (um 5 °C) überwintern. Im Sommer braucht sie einen vollsonnigen Standort. Der Stamm und die Blätter mit den weißen Fasern zwischen den Blattfiedern kommen nur im Einzelstand optimal zur Geltung. Eine Washingtonie ist nur für größere Gärten empfehlenswert, da der Stamm bis zu 1 m dick wird und die Blätter des Schopfs bis zu 3 m lang werden. Es dauert allerdings sehr viele Jahre, bis sie diese Größe erreichen.

▷ **Keulenlilie** *Cordyline australis* 'Red Star'

Höhe: *1–1,2 m* **Breite:** *1–1,2 m*

Keulenlilien gehören zu den Agavengewächsen. Ihre immergrünen, ledrigen, schmalen Blätter stehen am Ende des kurzen Stamms. Neben den grünen Blättern der Art bietet der Handel Sorten mit roten bis purpurroten Blättern an. Die Pflanzen überstehen Frost nicht und müssen im Haus überwintern. Die Sorte 'Red Star' braucht einen hellen Standort, verträgt aber keine pralle Sonne. Farbe und Wuchsform machen sie zum perfekten Partner für grüne, locker polsterförmig wachsende Stauden. Im Kübel ist sie ein wirkungsvoller Blickpunkt am Ende einer kurzen Sichtachse, als Paar rahmt sie den Zugang zu einem Gartenweg ein.

◁ **Astelie** *Astelia*

Höhe: *0,6–1 m* **Breite:** *0,6–1 m*

Astelien gehören zu den Liliengewächsen. Die meisten Arten stammen aus Australien und Neuseeland. Diese Stauden sind nicht winterhart – sie vertragen höchstens kurze Frostperioden von -5 bis -10 °C – und können nur als Kübelpflanze überleben. Ihre Schmuckwirkung beruht auf den immergrünen Blättern, die sich elegant nach außen neigen. Sie sind mit silbrigen Schuppen besetzt – besonders ausgeprägt ist dies bei der Sorte 'Silver Spear'. Astelien brauchen sonnige Standorte, vertragen aber keine heiße Mittagssonne. Ideal ist lehmiges Substrat, das im Sommer auf keinen Fall austrocknen darf.

◁ Zierbanane *Musa*

Höhe: *bis 4 m* **Breite:** *1–3 m*

Die meisten verkauften Zierbananen gehören zu den Arten M. acuminata und M. basjoo. Obwohl Letztere bis -8 °C winterhart sein soll, sollten Sie kein Risiko eingehen und die Bananenstauden im kühlen Haus überwintern. Die Zierbanane erzeugt ein ausgesprochen tropisch anmutendes Flair. Mit ihren 2–3 m langen Blättern schafft sie Dschungelatmosphäre. Daher kommt sie in einer dekorativen Gruppe am Rand eines sonnigen Sitzplatzes, etwa in Gesellschaft von Palmen – auch Zimmerpalmen – und kletternden Pflanzen, viel besser zur Geltung als im Einzelstand. In der Wachstumsphase braucht sie sehr viel Dünger und Wasser.

▷ Neuseeländischer Flachs *Phormium tenax* 'Variegatum'

Höhe: *1,5–2 m* **Breite:** *1–1,5 m*

Der Neuseeländische Flachs muss bei Frost an einen hellen, kühlen Platz im Haus. Die Pflanze mit ihren schmalen, starren Blättern – bei der Sorte gelb-grün längs gestreift – wirkt am besten mit Polsterstauden. Hier sorgt sie für einen markanten Formkontrast. Die immergrüne Pflanze verdient also einen Platz im sonnigen Beet zwischen mittelhohen Stauden oder Gräsern. Neben den gestreiften Sorten bietet der Handel rotblättrige Formen wie 'Bronze Baby' und 'Dazzler' an.

◁ Palmlilie *Yucca gloriosa* 'Variegata'

Höhe: *0,8–1,5 m* **Breite:** *bis 2 m*

Eine gut angewachsene Palmlilie kann abgedeckt mit Stroh und Reisig einen Winter durchaus überstehen, sofern der Boden im Winter nicht nass wird. In kälteren Regionen sollte sie zur Sicherheit kühl im Haus überwintern. Im Unterschied zur stammlosen *Y. filamentosa* bildet die genannte Sorte einen kurzen Stamm. Dadurch ragt der Blattschopf über die Stauden und setzt die 60 cm langen, starr aufrechten Blätter als Formkontrast in Szene. Zur Blütezeit verdient die Palmlilie einen Einzelplatz; im Kübel kann sie je nach Bedarf umgesetzt werden. Die Sorte 'Variegata' hat Blätter mit gelblich-weißen Säumen.

Kräuter – schöne Blätter zum Genießen

Mit dem Begriff »Kräuter« ist das so eine Sache – es gibt keine eindeutige Definition. Mediziner oder Historiker denken vermutlich vorrangig an die Kräuter der Klostergärten, die einst als grüne Apotheken heilende Wirkstoffe lieferten und dies heute noch tun. Für Köche sind Kräuter dagegen ein Genuss: Sie überlegen, welches Kräuteraroma optimal in welches Gericht passt. Gärtner wiederum befriedigen mit Kräutern eher die Sehnsucht nach Schönheit. Sie erfreuen sich vor allem am Aussehen, der Haptik und dem Duft dieser Schätze im Beet – Kräuter regen eben wirklich alle Sinne an.

Kräuter im Blattschmuckgarten: nicht nur eine Frage der Optik

Als Kräuter gelten im Garten alle Pflanzen von Einjährigen über Stauden bis zu Gehölzen, die sich durch einen besonderen Duft oder ein spezielles Aroma auszeichnen. Ob es sich dabei um ein Küchenkraut, also ein Gewürz, oder ein Heilkraut handelt, spielt dabei keine Rolle. Pflanzt man Kräuter speziell im Blattschmuckgarten, gilt das Augenmerk bei der Wahl natürlich verstärkt der Schönheit der Blätter.

Die Präsentation von Kräutern im Blattschmuckgarten will wohlüberlegt sein. Einige Arten, beispielsweise der relativ robuste Dill oder Rosmarin, fühlen sich ohne Schwierigkeiten auch in einem standortgerechten, normalen Beet zwischen Blattschmuckpflanzen wohl. Andere Arten, wie beispielsweise die Minzen, sind dagegen derart wüchsig, dass sie andere Stauden überwuchern können. Für solche Kräuter ist ein eigenes Beet oder ein Pflanzgefäß oft die beste Alternative.

Die große Gruppe der mediterranen Duft- und Gewürzkräuter kommen in einem gemeinsamen Beet am besten zur Geltung. Sie alle fühlen sich auf einem nach Süden exponierten Standort mit gut wasserdurchlässigem, sandigem bis steinigem Boden wohl. Mit etwas Geschick lässt sich hier das Flair der mediterranen Macchie in den Garten holen – etwa mit einer Komposition aus Heiligenkraut, Lavendel und Thymian sowie gezielt platzierten Terrakotta-Objekten. Auch das Vorbild klassischer Klostergärten – kleine, rechteckige Beete mit dicht wachsenden Kräutern zwischen Kieswegen – hat im Blattschmuckgarten seinen Reiz. Anders als in den mittelalterlichen Vorbildern würde ich die Beetparzellen jedoch nicht nur mit einer Art, sondern mit einer bunten Mischung unterschiedlicher Arten und Sorten bepflanzen.

Zum Highlight werden Kräuterbeete neben einem Sitzplatz oder als Hecke gepflanzte Duftkräuter an einem Weg. Streift man mit der Hand über die Blätter, steigen Aromen aus aller Welt auf. Vergessen Sie auch als Blattschmuckgärtner nicht, dass jedes Zierkraut einen Nutzwert hat. Wer Basilikum, Salbei, Rosmarin, Dill, Melisse oder diverse Thymiansorten ohnehin zur Hand hat, sollte sie auch in der Küche nutzen.

Links: *Viele Kräuter wachsen polsterförmig und lassen sich zu Inseln, Streifen oder Bändern anordnen, die sich in Farbe oder Blattstruktur unterscheiden.*

Italienische Momente

◁ Rosmarin *Rosmarinus officinalis*

Höhe: *150–200 cm* **Breite:** *60–120 cm*
Bei guter Pflege und einem Standort mit voller Sonne und durchlässigem, sandigem Boden hält sich der immergrüne Rosmarin viele Jahre lang. Er ist zwar nicht völlig winterhart, übersteht aber mit einem leichten Schutz einen normalen Winter ohne größere Schäden. Erfrorene Zweige schneidet man bis auf die Hälfte zurück. Rosmarin passt perfekt zu Lavendel: Er stellt dieselben Ansprüche und harmoniert mit seinen nadelartigen, dunkelgrünen Blättern wunderschön mit ihm. Im Blattschmuckbeet sorgt er für Höhe; es gibt aber auch flach wachsende Sorten wie 'Prostratus'.

▷ Lavendel *Lavandula angustifolia*

Höhe: *30–80 cm* **Breite:** *80–120 cm*
Der Lavendel ist ein Halbstrauch, der im unteren Teil verholzt. Leider fällt er im Alter etwas auseinander und muss entweder ersetzt oder durch Stecklinge vermehrt werden. Solange er jedes Frühjahr kräftig zurückgeschnitten wird, behält er seine kompakte Wuchsform aber viele Jahre lang. Seine schmalen, nadelförmigen Blätter changieren zwischen mattgrün und silbrig grau. Die weißen, rosa oder blauen Blüten stehen an langen Stielen über dem Blattpolster. Der duftende Lavendel sieht an allen trockenen, sonnigen Standorten wunderschön aus – vom Kräuterbeet bis zum Terrakottakübel im italienischen Design.

◁ Zitronenmelisse *Melissa officinalis*

Höhe: *50–100 cm* **Breite:** *50–100 cm*
Die Art ist ebenso zu empfehlen wie die Sorten. 'Aurea' bleibt kleiner als die Art und hat gelbliche Blätter. 'Variegata' hat gelb geflecktes Laub. 'Zitronella' mit grünen Blättern hat ein ausgeprägtes Zitronenaroma und eignet sich besonders für Tees und sommerliche Getränke. Die Zitronenmelisse stellt keine großen Ansprüche an den Boden. Sie verträgt Trockenheit und braucht helle, nicht zu heiße Standorte. Sie gehört selbstverständlich in den Duftgarten – die Blätter riechen beim Zerreiben intensiv und anhaltend –, passt aber auch in Kübel oder ins Beet zwischen niedrige Blattschmuckstauden, wo sie hellgrüne Akzente setzt.

Bunt gemischte Aromen

◁ Dill *Anethum graveolens*

Höhe: *80–100 cm* **Breite:** *60–80 cm*
Der Dill ist eine einjährige Pflanze, die nach den Eisheiligen an Ort und Stelle ins Freiland ausgesät werden kann, beispielsweise, um die Lücken zwischen Zwiebel- und Knollenpflanzen zu füllen. Die Pflanze braucht einen sonnigen, windgeschützten Standort. Dill spielt nicht nur als aromatisches Würzkraut in der Küche eine Rolle, sondern ist auch im Blattschmuckbeet vielfältig einsetzbar. Seine Blattfiedern sind fadendünn, sodass die ganze Pflanze fast durchsichtig erscheint und bestens in die Mitte eines Beets passt – auch vor etwas niedrigere Stauden. Ähnlich zart wirken die in einer großen Dolde stehenden, gelben Blüten. Selbstverständlich passt Dill auch in ein Kräuterbeet.

▷ Wermut *Artemisia absinthium*

Höhe: *30–120 cm* **Breite:** *60–80 cm*
Neben der Art werden Sorten mit intensiver silbrigen Blättern wie 'Lambrook Mist' oder 'Lambrook Silver' angeboten. Wermut ist ausreichend winterhart und entwickelt sich zu einem locker aufrecht wachsenden Halbstrauch. Er verträgt aber einen kräftigen Rückschnitt. Dank der tief eingeschnittenen Blätter sieht Wermut nie kompakt, sondern stets leicht und duftig aus. Er braucht sonnige Standorte und sandige Böden und passt in silberfarbene und mediterrane Beete sowie in Kräutergärten. Vor dunkelgrünen oder rotlaubigen Gehölzen setzt er kontrastreiche Akzente.

◁ Krause Minze *Mentha spicata* var. *crispa*

Höhe: *20–40 cm* **Breite:** *40–70 cm*
Die Krause Minze stammt aus dem Süden Europas und ist eine hübsche Varietät für das Gewürz- oder Blattschmuckbeet. Sie hat rundliche, mittelgrüne, etwas faltige Blätter und blüht lila. Da sie auf normalen, nicht zu trockenen Gartenböden, in der Sonne und leichtem Halbschatten wächst, kann sie sogar zwischen lockere Sträucher gepflanzt werden. Am besten wäre jedoch ein Standort in der Sonne, dort entwickeln sich die ätherischen Öle der Blätter besser. Perfekt steht sie neben einem Sitzplatz, wo man ihre Blätter zwischen den Fingern verreiben kann: Sie verströmen einen Duft, der zwischen Pfefferminze und Kaugummi liegt.

◁ Apfelminze *Mentha suavelolens*

Höhe: *60–100 cm* **Breite:** *60–100 cm*
Die Apfel- oder Rundblättrige Minze hat rundliche bis eiförmige, weich behaarte Blätter. Die Art ist nicht so interessant wie die panaschierten Formen: 'Bowles Apfelminze' wird so groß wie die Art, ihre Blätter haben einen leuchtend gelben Rand; bei 'Variegata' spielen die Blattränder mehr ins Cremeweiße. Beide Sorten duften intensiv fruchtig. Sie brauchen einen sonnigen Standort und nicht zu trockenen Boden. Sie fügen sich – auch in der Kombination – bestens in Blattschmuckbeete ein, wo ihre Blätter unregelmäßige, leuchtende Farbakzente setzen. In sehr kalten Wintern können die oberirdisch wachsenden Ausläufer erfrieren.

▷ Basilikum *Ocimum basilicum*

Höhe: *30–60 cm* **Breite:** *20–30 cm*
Da Basilikum als Gewürz für Tomatensalate und italienische Pastasoßen ein echtes Muss ist, darf es auch im Blattschmuckgarten nicht fehlen. Basilikum braucht einen sonnigen Standort und normale, nicht zu feuchte Gartenerde. Interessant für die Gestaltung sind nicht nur die glänzend grünen Blätter der Art, sondern auch die zahlreichen rotblättrigen Sorten, die als rote Inseln hübsch zwischen grünen und gelb-grün panaschierten Stauden aussehen. Beispiele sind 'Purple Ruffles', 'Dark Opal' oder 'Bordeaux'. Arrangieren Sie im Kräuterbeet grüne und farbige Sorten zu einem bunten Teppich.

◁ Oregano, Dost *Origanum vulgare* 'Aureum'

Höhe: *30–70 cm* **Breite:** *30–50 cm und mehr*
Der heimische Dost ist eine Pflanze der Trockenrasen, und auf ähnlichen Standorten fühlt er sich auch im Garten wohl: in der Sonne und auf sandig-lehmigen Böden. An Plätzen, die ihm zusagen, breitet er sich über Ausläufer aus, ist also nicht unproblematisch für empfindlichere Nachbarn. Die Sorte 'Aureum' sieht dank der goldgelben Blätter zwar attraktiver aus als die Art, breitet sich aber sogar noch stärker aus. Man hält die Wüchsigkeit am besten unter Kontrolle, indem man ihn in einer hübschen, halbhohen Schale wachsen lässt, wo auch die Blätter dekorativ zur Geltung kommen.

Salbei und Thymian

◁ **Purpursalbei** *Salvia officinalis* 'Purpurascens'

Höhe: *30–50 cm* **Breite:** *30–40 cm*
Salbei ist ein Halbstrauch – die unteren Abschnitte seiner Zweige verholzen. Er verdient als alte Heil- und Gewürzpflanze einen festen Platz im Kräutergarten. Wie alle mediterranen Arten brauchen auch alle Salbeisorten einen sonnigen Standort und sandig-lockere, gut wasserdurchlässige Böden. Beim Austrieb sind die Blätter des Purpursalbeis intensiv violett bis purpurrot gefärbt. Später bleichen sie etwas zum Grünen hin aus. Zusammen mit Lavendel und Wermut ergeben sich hübsche Muster im mediterranen Beet oder im Kräuterbeet. Der Purpursalbei setzt aber auch im Vordergrund eines Blattschmuckbeets farbige Akzente.

▷ **Goldgelber Salbei** *Salvia officinalis* 'Icterina'

Höhe: *40–60 cm* **Breite:** *30–40 cm*
Der buschige Goldgelbe Salbei wächst unter denselben Standortbedingungen wie der Purpursalbei. Seine rauen, wolligen Blätter sind gelb und grün gemustert. Die beiden Sorten lassen sich gut miteinander kombinieren, passen aber auch zu anderen Blattschmuck- oder Steingartenpflanzen. Während die Sorte 'Variegata' ähnlich gelbgrün gemustert ist, überrascht der Dreifarbige Salbei 'Tricolor' mit wirklich bunten Blättern: Sie sind im Zentrum graugrün und am Rand cremeweiß oder rosa bis purpurn gefärbt.

◁ **Breitblättriger Salbei** *Salvia officinalis* 'Berggarten'

Höhe: *40–70 cm* **Breite:** *30–40 cm*
Der Breitblättrige Salbei kommt der Art in Blattfarbe und dem buschig ausgebreiteten Wuchs besonders nahe, hat allerdings breitere Blätter. Damit kommt die raue, filzige Oberfläche seiner Blätter besonders gut zur Geltung. 'Berggarten' sieht hübsch zwischen höheren Blattschmuckstauden mit glatten, dunkelgrünen Blättern aus, beispielsweise im Vordergrund eines Beets. Dort kann er wie ein Bodendecker gepflanzt werden. Wie alle Salbeisorten ist er nicht völlig winterhart, treibt aber im Frühling nach einem kräftigen Rückschnitt wieder aus.

◁ **Silberthymian** *Thymus vulgaris* 'Silver Posie'

Höhe: *20–30 cm* **Breite:** *40–50 cm*
Alle Thymianarten brauchen trockene, sandige Böden in der vollen Sonne – bei Staunässe sterben sie früher oder später ab. Wenn ihm der Boden zusagt, ist Thymian einigermaßen winterhart und bildet ausgebreitete Matten. Die Blätter sind mattgrün mit einem weißen Rand. Das genaue Muster der kleinen Blättchen ist allerdings nur aus der Nähe zu sehen, aus der Entfernung wirkt die Pflanze silbrig grau. In der Nachbarschaft großer Stauden geht der Silberthymian unter, er sollte also im Blattschmuckbeet in einer Schale etwas erhöht oder im Steingarten zwischen anderen niedrigen Polsterpflanzen präsentiert werden. Die Sorte 'Variegatus' weist eine ähnliche Blattzeichnung auf.

▷ **Zitronenthymian** *Thymus × citriodorus*

Höhe: *20–30 cm* **Breite:** *20–30 cm*
Der Zitronenthymian ist eine Kreuzung aus Gartenthymian und Quendel. Er duftet beim Berühren intensiv nach Zitrone und ist ein erfrischendes Gewürz für sommerliche Drinks und Salate. Seine etwa 1 cm langen Blättchen sind unaufdringlich mittelgrün gefärbt und bilden mit den flachen Trieben ein kompaktes Polster. Er braucht sonnige, trockene Standorte und ist damit ein guter Bodendecker für kleine Steingärten oder für Lücken zwischen Pflastersteinen, allerdings ist er nicht trittfest! Noch flacher wachsen die Sorten 'Goldstream' (10 cm, gelbgrün) und 'Golden Dwarf' (15 cm, hellgrün); 'Aureus' hat goldgelbe und 'Argenteus' weiß panaschierte Blätter.

Blattschmuck mit Gemüse und Salat

Im Blattschmuckgarten betrachtet man Salate und Gemüse mit anderen Augen als im reinen Nutzgarten: Hier kommt es erst in zweiter Linie auf die Ernte an. Selbstverständlich wollen auch Blattschmuckgärtner ihr Gemüse essen, aber die Lust am Schauen steht der Freude am Genießen in nichts nach. Trotzdem muss man sich entscheiden, ob der Wunsch nach reicher Ernte oder die pure Schönheit an erster Stelle steht. Wer auf eine große Ernte hofft, sollte einen Teil des Blattschmuckgartens gezielt als Gemüsegarten anlegen. Neben flachen Beeten empfehlen sich Hochbeete: Sie sind praktisch, weil sie mit bester Pflanzerde gefüllt werden und ohne lästiges Bücken bearbeitet werden können. Und weil sie erhöht sind und rundum mit hübschen Kletterern wie Kapuzinerkresse berankt werden können, sind sie ein echter Hingucker.

Die Schönheit eines solchen Gemüsegartens basiert auf der geschickten Zusammenstellung von Farben und Wuchsformen. Zum Glück bietet der Fachhandel die unterschiedlichsten Sorten an. Probieren Sie verschiedene Kombinationen und notieren Sie die Ergebnisse – so wird das Gemüse-Blattschmuckbeet von Jahr zu Jahr schöner. Wer größeren Wert auf die Ästhetik seines Gartens legt und nur gelegentlich etwas ernten möchte, hat es einfacher. Er kann Salate und Gemüsepflanzen ausschließlich nach Farbe und Wuchsformen auswählen und in den Blattschmuckbeeten integrieren. Ob sie auch schmecken und gute Erträge liefern, spielt in diesem Fall eine untergeordnete Rolle. Für solche Gärten sind Salate die erste Wahl. Gerade sie zeichnen sich durch kräftige Farben und eine reiche Auswahl an Blattformen aus. Bei den Gemüsearten ist Mangold mit all seinen Spielarten der Spitzenreiter: Er kann in puncto Schönheit mit den besten Blattschmuckstauden mithalten.

Wichtig: die Bodenpflege

Gemüse zehren den Boden unterschiedlich stark aus, daher sollten Sie eine Fruchtfolge einhalten. Kohlsorten etwa sind Starkzehrer und verbrauchen reichlich Nährstoffe. Sie dürfen nicht mehrere Jahre hintereinander auf derselben Stelle wachsen. Hülsenfrüchte wie Bohnen oder Erbsen dagegen reichern den Boden mit organischen Stickstoffverbindungen an. Relativ neutral sind die sogenannten Mittelzehrer wie Salate. Auf jeden Fall muss der Boden eines Gemüsebeets durch Kompostgaben und langfristig wirkende, organische Dünger fruchtbar gehalten werden.

Salate – blutrot bis grasgrün

▷ Blutampfer *Rumex sanguineum*

Höhe: *20–30 cm* **Breite:** *20–30 cm*
Der Blutampfer ist nicht nur ein Salat, sondern auch eine echte Zierpflanze. Er wird in der Küche sparsam als säuerliche Zutat fein geschnitten zu Salaten gemischt. Die breit zungenförmigen, 5–20 cm langen Blätter stehen in einer lockeren Rosette. Sie zeichnen sich durch kräftig rot gefärbte Nerven aus. Im Juni bis August wächst daraus ein bis 90 cm hoher Blütenstängel mit winzigen, rötlichen Blüten aus; er kann im Blattschmuckbeet abgeschnitten werden. Blutampfer braucht feuchte Standorte im lichten Schatten, kann also auch zwischen lichten Sträuchern wachsen.

◁ Eichblattsalat *Lactuca sativa* var. *crispa*

Höhe: *10–25 cm* **Breite:** *20–30 cm*
Eichblattsalate gehören zu den sogenannten Pflück- und Schnittsalaten mit stark gekrausten Blättern. Ihre Blätter erntet man einzeln von außen nach innen. Sie werden auf normalen Gartenböden über die gesamte Vegetationsperiode gestaffelt ausgesät. Im Blattschmuckbeet eignen sie sich bestens als Lückenfüller zwischen den Knollen- und Zwiebelpflanzen des Frühjahrs. Kombinieren Sie rote und grüne Sorten passend zu den Stauden oder als Begrenzungen. Erkundigen Sie sich nach Gärtnereien in Ihrer Umgebung, die vorgezogene Salatpflänzchen verkaufen – so sparen Sie sich die Aussaat und Pflege der Keimpflanzen.

▷ Radicchio *Cichorium intybus* var. *foliosum*

Höhe: *15–20 cm* **Breite:** *20–30 cm*
Grüne Radicchio-Sorten haben im Salatbeet durchaus ihre Berechtigung, doch neben Blattschmuckstauden sehen rote Sorten wie ‘Roter Veroneser’ oder ‘Palla Rossa’ attraktiver aus. Säen Sie großzügig in die Lücken zwischen Stauden und dünnen Sie nach Bedarf aus oder setzen Sie vorgezogene Pflänzchen ein. Die Köpfe können bis in den Winter im Beet bleiben. Für eine nachhaltige Wirkung sollten sie in Gruppen stehen, etwa in Kombination mit Zierkohl. Radicchio wächst in jeder normalen Gartenerde an sonnigen bis halbschattigen Standorten, bildet in der Sonne aber kompaktere Köpfe.

Gemüse mit Schönheitswert

◁ **Rote Gartenmelde** *Atriplex hortensis* 'Rubrum'

Höhe: *bis 200 cm* **Breite:** *50–60 cm*

Melden sind extrem anspruchslose Gemüsepflanzen, die früher als Spinatersatz weitverbreitet waren. Die rote Sorte wächst rasch heran und ist – vom Stängel bis zu den Blättern – durchweg dunkelrot gefärbt. Man kann sie ab April als Salat oder Gemüse ernten (ab 40–50 cm Höhe). Sie braucht lockeren, kompostreichen Gartenboden und einen sonnigen Platz. Im Blattschmuckbeet gehört sie zu den Einjährigen, die problemlos für Höhe sorgen, ohne den Blick auf hintere Bereiche des Beets völlig zu verstellen. Die intensive, dunkelrote Farbe kommt auch zwischen Gräsern oder als markanter Farbtupfer zwischen silbernen Stauden gut zur Geltung.

▷ **Artischocke** *Cynara cardunculus*

Höhe: *bis 250 cm* **Breite:** *100–150 cm*

Da Artischocken aus dem Mittelmeerraum stammen, können sie bei uns in kalten Wintern eingehen. Wegen ihrer imposanten Gestalt sind sie aber einen Versuch wert. Die tief eingeschnittenen, grün-silbrigen Blätter werden bis 1,5 m lang und neigen sich elegant nach außen. Als Eyecatcher in einem sonnigen Inselbeet, im Hintergrund eines Gemüsebeets oder als Blickfang hinter mediterranen Kräutern machen sie sich bestens. Allerdings brauchen Artischocken nährstoffreiche Böden und müssen im Sommer regelmäßig gegossen werden.

◁ **Mangold** *Beta vulgaris* 'Vulkan'

Höhe: *40–50 cm* **Breite:** *20–30 cm*

Mangold ist das Gemüse, das sich am besten für ein Blattschmuckbeet eignet. Die Sorte 'Vulkan' hat beispielsweise leuchtend rote Blattstiele und Blattrippen, die sich mit starkem Kontrast von allen Grüntönen absetzen. Die relativ großen, etwas runzligen Blätter wachsen locker aufrecht und passen zu gelben, grünen und roten Blättern oder Blüten. Im Samenhandel werden aber auch andere Sorten wie 'Bright Lights' mit weißen, gelben und roten Blattstielen angeboten. Mangold wächst auf sonnigen bis leicht schattigen Standorten auf nährstoffreichen Gartenböden, die man vor der Aussaat mit Kompost anreichern sollte.

◁ **Zierkohl** *Brassica oleracea*

Höhe: *15–30 cm* **Breite:** *20–30 cm*
Zierkohl ist eine Züchtung aus der klassischen Kohlpflanze. Er wird als Samenmischung (F_1-Hybride) angeboten, manchmal auch vorgezogen aus der Gärtnerei. Die Sortenbezeichnungen wechseln, die Samentütchen sind als 'Northern Lights', 'Krause Mischung' oder unter ähnlichen Namen im Handel. Zierkohl wächst in der Sonne, verträgt aber auch Halbschatten. Seine große Stunde schlägt erst im Herbst, denn die Blätter beginnen sich bei Nachttemperaturen unter 10 °C rötlich oder bläulich zu verfärben. Dann zeigt sich jeder Kopf in einem ganz individuellen Farbenspiel. Säen Sie Zierkohl in lockeren Gruppen ins Beet oder vor offene Gehölze, sodass er im Herbst gut sichtbar ist.

▷ **Palmkohl** *Brassica oleracea* var. *acephala* 'Nero di Toscana'

Höhe: *50–80 cm* **Breite:** *40–50 cm*
Der mit den heimischen Kohlsorten verwandte Palmkohl wird in Italien wie Grünkohl zubereitet. Die schmalen, gekräuselten, aufrecht stehenden Blätter bilden eine lockere Kuppel. Palmkohl kann im Gemüsebeet genauso gut wie im Blattschmuckbeet wachsen, wo seine dekorative, matt dunkelgrüne Blattrosette wie eine Minipalme aus der Erde zu ragen scheint. Er stellt einen hübschen Partner zu glatten, kuppelförmigen Stauden dar, eignet sich aber auch als Blickpunkt in einem Terrakottakübel. Palmkohl braucht Sonne und einen nährstoffreichen Boden.

Gehölze – im Team und als Solisten

Ein Garten ohne Gehölze ist undenkbar: Sie dienen als Sichtschutz, Kulisse oder – einzeln gepflanzt – als eindrucksvolle Blickpunkte.
Gehölze unterscheiden sich von allen anderen Pflanzen, weil sie das ganze Jahr über sichtbar bleiben: Bei den laubabwerfenden Arten ist es zwar nur das Gerüst aus nackten Zweigen, das auch im Winter den Garten ziert, immergrüne Arten tragen ihr Laub jedoch das ganze Jahr über. Zum anderen legen Gehölze Jahr für Jahr an Höhe und Breite zu. Die Entscheidung für ein bestimmtes Gehölz prägt also den Charakter des Gartens über viele Jahre.

Hecken, Gruppen und Solitäre

Im Blattschmuckgarten ist die Wahl der Heckengehölze besonders wichtig, denn eine »grüne Mauer« wird im Frühling und Sommer nicht wie im Blütenstaudengarten durch bunte Vielfalt aufgelockert. Im Blattschmuckgarten empfielt sich eine Hecke aus immergrünen Laub- und Nadelgehölzen im Wechsel mit laubabwerfenden Arten mit hübschen Sommer- und Herbstfarben. Sie integriert sich besser in das Gesamtbild, ohne monoton zu wirken.
Auch Bäumen und großen Sträuchern kommt im Blattschmuckgarten eine größere Bedeutung zu als im herkömmlichen Staudengarten: Sie sind nicht nur Rahmen oder Hintergrund, sondern ein zentraler Bestandteil des Gesamtarrangements. Planen Sie als Zentrum von Gehölzgruppen einen besonders attraktiven Strauch ein, und berücksichtigen Sie bei der Auswahl, wie er im Frühling, Herbst und Winter aussieht. Die übrigen Bäume und Sträucher suchen Sie passend dazu aus. Es empfiehlt sich eine Grundstruktur aus locker ausladenden, säulenförmigen und kugeligen Gehölzen. Diese Grundstruktur wird durch Kleinsträucher in abwechslungsreichen Farben und Blattschmuckstauden erweitert. Achten Sie auf den Wechsel von Immergrünen wie der Säuleneibe, Gehölzen mit hübschem Sommerlaub wie dem Hartriegel und solchen, die im Herbst ihren großen Auftritt haben wie eine kuppelförmige Berberitze. Wie und was Sie kombinieren, ist nicht so entscheidend – es kommt auf abwechslungsreiche Farben und Wuchsformen an.
Mit den kleinen Ahornarten und -Sorten steht auch eine unschlagbare Auswahl für Solitäre zur Verfügung: Sie überzeugen mit frischem Laub im Frühling, im Sommer mit ungewöhnlich geformten Blättern, im Herbst mit prächtigen Farben und im Winter mit einem filigranen Schirm aus schlanken Zweigen.

Vielfalt des Ahorns

◁ Japanischer Ahorn *Acer japonicum*

Höhe: *1,5–2,5 m* **Breite:** *2–3 m*

Die Sorten des Japanischen Ahorns sind kaum zu zählen. Alle haben einen sehr eleganten Wuchs, der mehr an Sträucher als an Bäume erinnert, weil sich die Stämme früh verzweigen und die Zweige locker ausgebreitet wachsen. Die Blätter sind je nach Sorte äußerst vielgestaltig, die Palette reicht von einfach ahorntypisch bis stark zerteilt wie bei 'Aconitifolium' (→ Abb.). Fast alle Sorten trumpfen mit einer intensiven Herbstfärbung auf. Sehr kleine Sorten können im Kübel wachsen, doch am schönsten kommen sie im Einzelstand zur Geltung. Japanischer Ahorn braucht den Schutz eines höheren Baums, der Standort sollte zumindest mittags im Schatten liegen.

▷ Fächer-Ahorn *Acer palmatum*

Höhe: *3–4 m* **Breite:** *4–5 m*

Der Fächer-Ahorn stellt ähnliche Ansprüche an den Standort wie der Japanische Ahorn. Seine Äste sind noch ausladender, sodass die dünnen, beblätterten Zweige wie ein elegant ausgebreiteter Fächer wirken. Da sowohl Japanischer als auch Fächer-Ahorn nicht billig sind, sollten Sie sich den Kauf gut überlegen. Die wichtigste Frage ist, ob Sie eine ganzjährig farbige Sorte möchten, etwa dunkelrot beblätterte Sorten wie 'Burgundy Lace', 'Crimson Queen' oder 'Dissectum Nigrum', oder ob Sie eine grüne Sorte mit leuchtender Herbstfärbung bevorzugen, wie die orangerote 'Ozakazuki', die karminrote 'Atropurpureum' oder die leuchtend goldblättrige 'Lutescens'.

◁ Silber-Eschenahorn *Acer negundo* 'Variegatum'

Höhe: *5–7 m* **Breite:** *3–5 m*

Der Silber-Eschenahorn braucht tiefgründigen Boden und verträgt im Unterschied zu den beiden anderen Arten auch kalkhaltigen Boden. Seine kräftige Blattzeichnung – unregelmäßig weißer Rand an mattgrünen Blättern – ist nur in Einzelstellung gut zu sehen, in einer dichten Gruppe geht sie unter. Ideal ist ein Platz vor einer dunkelgrünen Hecke. Eschenahorn wächst schnell und erreicht seine Endgröße relativ früh. Die Sorte 'Aureovariegatum' hat dunkelgrüne Blätter mit gelben Flecken, 'Flamingo' rosa getönte Blätter.

Vom Bodendecker bis zur Kletterpflanze

◁ **Thunbergs Berberitze** *Berberis thunbergii* 'Atropurpurea Nana'

Höhe: *0,3–0,6 m* **Breite:** *0,3–0,6 m*

Die sommergrüne Thunbergs Berberitze ist in zahlreichen Sorten in unterschiedlichen Höhen und Blattfarben erhältlich. 'Atropurpurea Nana' ist einer der kleinsten Vertreter und gut als Bodendecker, für niedrige Hecken oder als Blickfang zwischen Stauden und Sträuchern geeignet. Die Blätter sind rot im Austrieb, im Sommer bräunlich-rot und färben sich im Herbst scharlachrot. Weitere kleinwüchsige Sorten sind 'Kobold' (50 cm, dunkelgrün) oder 'Bagatelle' (40 cm, schwarzrot). Höhere Sorten wie 'Red Chief' bringen es bis auf 4 m. Berberitzen sind anspruchslos und gedeihen auf jedem Gartenboden in Sonne und Halbschatten.

▷ **Tatarischer Hartriegel** *Cornus alba* 'Spaethii'

Höhe: *2–3 m* **Breite:** *2–3 m*

Der Tatarische Hartriegel ist eine äußerst robuste Art, die auf jedem Boden und in jeder Lage wächst – auch an feuchten, schattigen Standorten. Die jungen Triebe sind leuchtend rot, werden aber später von den goldgelben Blättern verdeckt. Es gibt auch Sorten mit grünem Laub mit gelbem Rand. Hartriegel bereichert Gehölzinseln und offene Hecken, weil er mit seinen farbigen Trieben auch im Winter und zeitigen Frühling für Abwechslung sorgt. Noch intensiver rote Wintertriebe hat 'Sibirica' aufzuweisen, bei 'Kesselringii' sind sie dunkelpurpurn gefärbt.

◁ **Perückenstrauch** *Cotinus coggygria* 'Royal Purple'

Höhe: *2–3 m* **Breite:** *2–3 m*

Die rotlaubige Form des Perückenstrauchs braucht einen sonnigen Standort – allenfalls lichten Baumschatten –, damit sich die kräftige Farbe seiner Blätter ausbilden kann. Im Herbst verfärben sie sich scharlachrot. Der Boden sollte locker sein. Ein kalkhaltiger Dünger tut dem Perückenstrauch gut. Perückensträucher sollten nicht beschnitten werden, denn nur dann entwickeln sie die schönste Wuchsform. Zur Blütezeit heben sich helle rötliche Wolken winziger Blüten prächtig vom Laub ab. Der Strauch braucht Platz, da er stark in die Breite wächst. Perfekt ist ein Standort vor einer dunkelgrünen Hecke oder der Einzelstand.

◁ Japanische Zierweide *Salix integra* 'Hakuro Nishiki'

Höhe: *bis 1,5 m* **Breite:** *bis 1,5 m*

Wie alle Weiden ist auch diese japanische Sorte völlig anspruchslos. Sie wächst sowohl in der Sonne als auch im Halbschatten, auf schweren wie leichten Böden, am besten aber auf sandigem Boden. Die Gartencenter bieten sie entweder strauchförmig oder als Hochstamm mit unterschiedlichen Stammhöhen an. Die Zweige können nach Bedarf eingekürzt oder mit der Schere in Kugelform geschnitten werden. Dank der hellgrün-weißen bis fast rosa Blätter eignen sich vor allem die Hochstämme als Solitäre oder als Paar neben einem Weg.

▷ Dreilappige Jungfernrebe *Parthenocissus tricuspidata*

Höhe: *8–12 m* **Breite:** *je nach Unterlage*

Im Unterschied zum Efeu wirft die Jungfernrebe ihr Laub ab. Ihre Blätter sind tief in drei Lappen eingeschnitten. Die Jungfernrebe hat ihren großen Auftritt im Herbst, wenn sich die sattgrünen Blätter leuchtend rot bis orange verfärben. Obwohl sie auch in halbschattigen und schattigen Lagen wächst, bilden sich die intensivsten Herbstfarben in der Sonne. Sie klettert mit Haftscheiben, doch am Anfang sollte man die Triebe in die gewünschte Richtung lenken und befestigen. Sie ist ideal zur Begrünung von Mauern geeignet, während der verwandte Wilde Wein *(P. quinquefolia)* mit fünf schmaleren Blattlappen besser über Rankspaliere und Pergolen klettert.

◁ Spierstrauch *Spiraea japonica* 'Bumalda'

Höhe: *0,6–1,2 m* **Breite:** *1–1,2 m*

Die Bumalda-Hybriden haben längliche Blätter, die bronzefarben austreiben und sich dann aber unauffällig mittelgrün verfärben. Spiersträucher sind die idealen Kandidaten im Blattschmuckgarten, wenn man eine Strauchgruppe mit etwas mehr Farbe und Blüten aufwerten möchte. Die rosa bis roten Blüten bilden bis zu 20 cm große Blütenstände und halten vom Hoch- bis in den Spätsommer. Spiersträucher gedeihen auf jedem guten Gartenboden im Halbschatten, vertragen aber auch etwas Sonne. Um die Form zu erhalten, werden alle Triebe im Vorfrühling kräftig zurückgeschnitten.

Immergrüne Laubgehölze

◁ **Buchsbaum** *Buxus sempervirens*

Höhe: *ohne Schnitt bis 3 m* **Breite:** *ohne Schnitt 1–2 m*
Der Buchsbaum ist das immergrüne Gehölz für den Blattschmuckgarten schlechthin. Man kann ihn frei wachsen lassen, meist wird das äußerst schnittverträgliche Gehölz aber zu Hecken, Säulen, Halbkugeln, Pyramiden und anderen Formen beschnitten. Die kleinen, rundlichen Blättchen wirken bereits aus wenigen Metern Entfernung wie eine geschlossene, grüne Fläche. Buchs wächst sowohl in der Sonne als auch im Schatten und verträgt die meisten leichten Gartenböden – im Idealfall sind sie leicht kalkhaltig. Neben der grünblättrigen Art gibt es gelb panaschierte Sorten wie 'Argenteomarginata', 'King Midas' oder 'Latifolia Maculata' und niedrige Sorten für Einfassungen wie 'Suffruticosa'.

▷ **Kriechspindel** *Euonymus fortunei*

Höhe: *20–60 cm* **Breite:** *20–60 cm*
Die Kriechspindel schiebt ihre langen, dicht beblätterten Zweige über den Boden, kann aber auch als Kletterpflanze aufgeleitet werden. Der Strauch ist anspruchslos und gedeiht auf sonnigen bis schattigen Standorten. Neben der grünblättrigen Art sind zahlreiche Sorten mit attraktiven weiß-grünen Blättern wie 'Emerald Gaiety', 'Gracilis' oder 'Silverqueen' oder mit gelbgrün panaschiertem Laub wie 'Emerald 'n Gold' erhältlich. Der Reiz der Kriechspindel – sie wird nicht beschnitten – liegt in der lockeren, sehr natürlichen Wuchsform.

◁ **Efeu** *Hedera helix*

Höhe: *bis 20 m* **Breite:** *je nach Unterlage*
Bis auf die pralle Sonne verträgt der Efeu jeden Standort mit nährstoffreichen Böden und wächst sogar noch im Vollschatten. Die gelben Blattzeichnungen panaschierter Sorten wie 'Goldheart' oder 'Dentata Variegata' entwickeln sich allerdings besser auf besonnten Standorten. Die Sorten mit dunkelroten Blättern wie 'Atropurpurea' oder 'Glymii' sind relativ selten. Die Farbe zeigt sich erst bei sehr kalter Witterung . Efeu kann aber nicht nur Mauern bekleiden, er dient auch als Bodendecker für schattige Ecken oder zum Begrünen von Säulen und Pergolen. Efeu verträgt Schnitt, muss aber nicht beschnitten werden.

◁ Stechpalme *Ilex aquifolium*

Höhe: *bis 12 m* **Breite:** *4–5 m*

Eine ausgewachsene Stechpalme ist eine imposante Erscheinung. Sie sollte nur in Gärten gepflanzt werden, in denen sie sich frei ausbreiten kann. Sowohl die grüne Art als auch die panaschierten Sorten vertragen einen Formschnitt. Sie sehen als Bestandteil einer Hecke ebenso gut aus wie in einer Gehölzgruppe. Besondere Blickpunkte für den Hintergrund sind gelb panaschierte Sorten wie 'Ferox Argentea' oder 'Golden van Tol' sowie weiß panaschierte wie 'Silver Milkmaid' und 'Silver Queen'. Die Japanische Stechpalme *(I. crenata)* ist mit maximal 2,5 m Höhe – die Sorten sind noch niedriger – auch für kleinere Gärten geeignet.

▷ Goldliguster *Ligustrum ovalifolium* 'Aureum'

Höhe: *2–3 m* **Breite:** *Breite: 2–3 m*

Im Unterschied zu dem Gewöhnlichen Liguster *(L. vulgare)* ist der Goldliguster nicht in allen Lagen im Winter grün. Bei starken Frösten erfrieren die Blätter, treiben aber im Frühling wieder aus. Das goldgelb gesäumte Laub sieht sowohl im Einzelstand als auch in einer Strauchgruppe hübsch aus. Die goldgelben Ränder treten an stärker besonnten Standorten intensiver in Erscheinung als in schattigeren Lagen. Als Formschnittstrauch dient der Goldliguster als Eyecatcher im Beet. In beschnittenen Hecken pflanzt man ihn im Wechsel mit einer grünen Sorte. So entsteht ein changierender Effekt.

◁ Japanische Lavendelheide *Pieris japonica* 'Forest Flame'

Höhe: *0,8–1 m* **Breite:** *0,5–0,8 m*

Ihren großen Auftritt hat die Lavendelheide schon früh im Jahr, wenn sie mit rosa bis karminroten Blättern austreibt. Sie färben sich über Rosa und Creme bis zur dauerhaft grünen Form um. Die glöckchenförmigen Blüten erscheinen kurz darauf. Der Strauch mit dem lockerbuschigen Wuchs wächst bevorzugt im Halbschatten auf saurem Boden – das macht die Lavendelheide zum idealen Partner für Nadelbäume und Rhododendren. Sie entwickelt sich am besten völlig ohne Schnitt und wird im Frühling großzügig mit Kompost gemulcht.

Immergrüne Nadelgehölze

◁ Schuppen-Wacholder *Juniperus squamata*

Höhe: *0,3–1 m* **Breite:** *1–2 m*
Im Unterschied zum aufrechten heimischen Wacholder wächst der ostasiatische Schuppenwacholder als kriechender Strauch, der seine Zweige weit ausbreitet. Der Strauch braucht Sonne oder einen hellen Platz – im Schatten verliert er seine Fülle und verkahlt. Er wächst fast auf allen Böden, sogar auf trockenen, sandigen. Schuppen-Wacholder ist ein guter Partner für Heiden, die niedrigen Sorten sehen aber auch zwischen Gräsern hübsch aus. Nur 30 cm hoch und gut bodendeckend wächst die Sorte 'Blue Carpet' mit blau-weiß gefärbten Nadeln; 'Blue Star' hat ähnliche Nadeln, wächst allerdings halbkugelig.

▷ Faden-Scheinzypresse *Chamaecyparis pisifera*

Höhe: *1–5 m* **Breite:** *1–3 m*
Dieser Baum ist außergewöhnlich: Die größeren Äste stehen fast waagerecht ab, deren Zweige stehen in einer Ebene, und nur ihre Spitzen hängen wie Fäden herab. Die Scheinzypresse kommt nur im Einzelstand zur Geltung. In einer Gruppe würde sie untergehen. Der Handel bietet meist Sorten an. Alle wachsen gut an sonnigen bis halbschattigen Standorten auf durchlässigen, nicht zu trockenen Böden. 'Boulevard' hat silberblaue, 'Aurea' goldgelbe Nadeln. Nur 1 m hoch sind 'Plumosa Compressa', 'Plumosa Flavescens' und die goldgelbe 'Plumosa Nana Aurea'.

◁ Lawsons Scheinzypresse *Chamaecyparis lawsoniana*

Höhe: *3–10 m* **Breite:** *1–3 m*
Die Scheinzypresse ändert ihre Wuchsform mit dem Alter: In der Jugend wächst sie als Säule, später als markanter Kegel. Bei guten Lichtverhältnissen und im freien Stand reichen die Zweige bis zum Boden. Die Blätter sind nicht als Nadeln, sondern als Schuppen ausgebildet, die eng an den Zweigen anliegen. Das Sortiment ist mit etwa 150 Sorten so reichhaltig, dass sich für jeden Zweck die richtige Scheinzypresse findet. Im Einzelstand sehen goldgelbe Sorten wie 'Kelleriis Gold' und 'Stewartia', blaue wie 'Pembury Blue' und 'Spek', schmal aufrechte wie 'Columnaris' oder Zwergformen wie 'Minima Glauca' hübsch aus.

◁ Eibe *Taxus baccata*

Höhe: *5–10 m* **Breite:** *1–8 m*
Die Eibe ist das Nadelgehölz der Wahl, wenn es um Schnitthecken geht, denn sie treibt nach dem Schnitt wieder kräftig aus: Die neuen Zweige mit den dicht stehenden Nadeln wachsen zu »grünen Mauern« – perfekte Kulissen für den Blattschmuckgarten. Die besten Heckensorten sind die säulenförmigen 'Fastigiata'-Formen. Die 2–3 m hohe Irische Säuleneibe sieht aber auch als Solitär wunderschön aus. 'Repandens' oder 'Summergold' bilden 50–100 cm hohe Polster, die 'Nissen's'-Sorten zeichnen sich durch attraktive Wuchsformen aus.

▷ Abendländischer Lebensbaum *Thuja occidentalis*

Höhe: *2–15 m* **Breite:** *2–5 m*
Auch der Abendländische Lebensbaum eignet sich als Hecke, da er sich nach dem Schnitt gut regeneriert. Es wäre aber schade, ihn nur als Hecke zu verwenden, denn manche Sorten haben äußerst attraktive Wuchsformen und farbige, schuppenförmige Nadelblättchen, die sich am besten in der Sonne auf feuchten Böden entwickeln. Die säulenförmige, dunkelgrüne 'Columna' (bis 10 m) und die gold- bis orangegelbe 'Rheingold' (2–3 m) markieren die Breite des Spektrums. Hübsche Kegel bieten 'Ellwangeriana' (2–3 m) oder 'Sunkist' (2–5 m). Eine flachere Form ist 'Danica' (0,4–0,6 m).

◁ Stechfichte *Picea pungens*

Höhe: *10–15 m* **Breite:** *5–8 m*
Die Stechfichte wird oft als »Blautanne« verkauft, obwohl sie nicht mit den Tannen verwandt ist. Dafür ist der deutsche Name umso treffender: Die blaugrünen bis silberweißen Nadeln sind stechend spitz. Die Vielfalt der Sorten erfüllt fast jeden Gärtnerwunsch, vor allem, weil Stechfichten auf jedem Boden und im Halbschatten ebenso wie in der Sonne wachsen. Die meisten Sorten haben eine recht natürliche Wuchsform. Eine Ausnahme ist die pyramidenförmige 'Erich Frahm'. Nur 0,5–1 m hoch ist die silbergraue 'Glauca Procumbens'. Für den Einzelstand eignen sich höhere Sorten wie 'Glauca Globosa' oder 'Montgomery'.

Bezugsquellen

Stauden

Friesland Staudengarten
Inh. Uwe Knöpnadel
Husumer Weg 16
26441 Jever/Rahrdum
www.friesland-staudengarten.de
info@friesland-staudengarten.de

Stauden Junge
Seeangerweg 1
31787 Hameln
www.stauden-junge.de
post@stauden-junge.de

Staudengärtnerei Klose
Rosenstraße10
34253 Lohfelden bei Kassel
www.staudengaertner-klose.de
staudengaertner.klose@t-online.de

Staudengärtnerei Arends
Monschaustraße 76
42369 Wuppertal
www.arends-maubach.de
stauden@arends.de

Staudengärtnerei Gräfin von Zeppelin
79295 Sulzburg/Laufen
www.graefin-v-zeppelin.com
info@graefin-v-zeppelin.com

planwerk
Staudengärtnerei am Chiemsee
Esbaum 2
83358 Seebruck am Chiemsee
www.hostaversand.eu
info@hostaversand.eu

Dieter Gaissmayer
Jungviehweide 3
89257 Illertissen
Internet: www.staudengaissmayer.de
E-Mail: info@staudengaissmayer.de

Staudengärtnerei Feldweber
A-4974 Ort im Innkreis/Österreich
www.feldweber.com

Bambus

Bambuszentrum Deutschland Baumschule Eberts
Saarstraße 3–5
76532 Baden-Baden
www.bambus.de
info@Bambus.de

Kräuter und Duftpflanzen

Kräuter-Simon
Strengweg 1
25842 Langenhorn
www.kraeuter-simon.de

Synringa Duftpflanzen und Kräuter
Bernd Dittrich
Bachstraße 7
78247 Hilzingen-Binningen
www.syringa-samen.de

Palmen & Exoten

Hendrik Speet
Neuringe 51
49767 Twist
www.pflanzen-versand.com
info@palmenversand.de

Mediterraner Pflanzenmarkt®
Online-Shop für mediterrane Pflanzen
& Palmen
Im Mittelfeld 23
79426 Buggingen
www.mediterraner-pflanzenmarkt.de

Weiterführende Literatur

Eberts, W.: Bambus. Gräfe und Unzer Verlag, München, 2007

Hensel, W., Jany, C., Kluth, S., Mayer, J., Späth, M.: Das große GU PraxisHandbuch Garten. Gräfe und Unzer Verlag, München

Hertle, B., Kiermeier, P., Nickig, M.: Das große GU PraxisHandbuch Gartenblumen. Gräfe und Unzer Verlag, München

Jelitto, L., Schacht W., neu herausgegeben von Simon, H.: Die Freiland-Schmuckstauden. Ulmer Verlag, Stuttgart

The Royal Horticultural Society: DuMont's Große Pflanzenenzyklopädie. Hrsg. C. Brickell (dt. Ausgabe W. Barthlott) DuMont, Köln 1998

Register

Halbfett gesetzte Seitenzahlen verweisen auf Abbildungen.

ISBN 978-3-8338-1723-6
240 Seiten

ISBN 978-3-8338-1537-9
240 Seiten

ISBN 978-3-8338-0704-6
288 Seiten

ISBN 978-3-8338-1971-1
144 Seiten

Der Autor

Wolfgang Hensel hat Biologie und Geografie studiert und war viele Jahre in der botanischen Forschung und Lehre an verschiedenen Universitäten tätig. Seit etwa 20 Jahren arbeitet er als Autor und Übersetzer. Schwerpunktthemen sind Pflanzenführer und Gartenbücher. Seine lange Erfahrung gibt der leidenschaftliche Gärtner auch in Gestaltungskursen für Hobbygärtner weiter. Im Gräfe und Unzer Verlag sind vom ihm die Titel »Wassergarten« und »Gartenglück« erschienen, außerdem hat er am »PraxisHandbuch Garten« mitgearbeitet.

Bildnachweis

Alamy: 91-2, 112-3, 118-1, 119-3, 120, 137-3; **Bildmaschine:** 85-3, 117-1; **Elke Borkowski:** 80-3; **Ursel Borstell:** 14, 19, 24-1, 30, 34 ,45-2, 51, 80-2, 88-1, 88-3, 89-3, 96-1, 98-1, 101-2, 102, 103-2, 105-1, 105-2, 105-3, 124-2, 124-3, 125-2, 131-2, 131-3, 134-1, 135-1; **Rob Cardillo:** 12-2, 59, 68; **Sabine Eberts:** 98-3, 99-1, 100-3; **Flora Press:** 4-1, 11-2, 22-2, 25-2, 28-2, 37-1, 37-2, 55-2, 60-061, 79-3, 83-2, 86-3, 87-2, 92-2, 104-3, 107-2, 112-1, 114-2, 115-1, 117-2, 117-3, 118-3, 119-1, 122-2, 127-2, 133-1, 133-2; **GAP:** U4-2; **Garden Collection:** 36-1, 58, 94; **Gartenfoto.at:** 36-2, U4-4; **Getty Images:** Cover; **Oliver Haßler:** 119-2; **Modeste Herwig:** 50-2, 54; **Kientzler Jungpflanzen / Rosi Herzberg:** 22-1, 23-1, 80-1, 92-1, 100-1, U4-3; **Anneliese Kompatscher:** 124-1; **Marianne Majerus:** 6-7, 8, 10-2, 11-1, 16-1, 16-2, 20-1, 20-2, 26, 35, 38, 40, 42-2, 50-1, 52-53, 62-2, 64-65, 69, 125-1, 126, 134-3; **Mauritius Images:** 10-1, 24-2, 29, 31, 32-33, 39-2, 63-2, 78, 90-2; **Clive Nichols:** 25-1, 44, 56-57; **Marion Nickig:** 2-3, 5-1, 5-2, 9,12-1, 21, 23-2, 41, 46-2, 48-49, 74-1, 74-3, 76-77, 79-1, 79-2, 81-1, 81-2, 82-2, 84-1, 84-2, 84-3, 85-1, 85-2, 87-1, 87-3, 88-2, 89-1, 89-2, 90-3, 91-1, 91-3, 93-1, 93-3, 95-1, 95-2, 95-3, 96-2, 96-3, 97-1, 97-2, 98-2, 100-2, 101-1, 101-3, 103-1, 103-3, 104-1, 106, 107-1, 108-1, 108-2, 109-2, 109-3, 110-1, 110-3, 111-1, 111-2, 112-2, 113-1, 113-2, 113-3, 114-1, 114-3, 115-2, 116,121-1, 121-2, 121-3, 122-3, 123-1, 123-2, 123-3, 127-1, 127-2, 128-1, 128-2, 129-1, 132-1, 132-2, 132-3, 133-3, 134-2, 135-2, 135-3, 136-1, 136-2, 136-3, 137-1, 137-2; **Photolibrary:** 130; **Photoshot:** 104-2; **Picture Press:** 28-1, 109-1; **Hans Reinhard:** 42-1; **Jutta Schneider u. Michael Will:** 13, 39-1, 43, 62-1; **Sebastian Seidl:** 90-1; **Friedrich Strauß:** 4-2, 17, 55-1, 66-67, 75; **Annette Timmermann:** 14-15, 18, 27,45-1, 46-1, 47, 63-1, 71, 72-1, 72-2, 73, 74-2, 82-3, 83-1, 86-1, 93-2, 99-2, 99-3, 107-3, 108-3, 110-2, 118-2, 128-3, 129-2, 131-1, U4-1; **Wildlife:** 122-1; **Eva Wunderlich:** 70-1, 70-2, 70-3.

Pflanzenillustrationen: Claudia Lieb
Syndication: www.jalag-syndication.de

Dank

Der Verlag dankt Frau Rosi Herzberg und der Fa. Kientzler Jungpflanzen für die freundliche Unterstützung bei der Bildbeschaffung.

Kientzler Jungpflanzen GmbH & Co. KG, Postfach 100, D-55454 Gensingen

Impressum

Projektleitung: Dr. Michael Eppinger
Lektorat: Barbara Kiesewetter
Bildredaktion: Caroline Davis, Petra Ender (Cover)
Layout: Marion Feldmann
Umschlaggestaltung: independent Medien-Design, München
Produktion: Susanne Mühldorfer
Reproduktionen: Longo AG, Bozen
Druck: aprinta, Wemding
Bindung: Conzella, Pfarrkirchen
ISBN 978-3-8338-1972-8
1. Auflage 2010

GRÄFE UND UNZER

Ein Unternehmen der
GANSKE VERLAGSGRUPPE